大渕克の
超絶艦船模型の作り方
すべて見せます。

神ワザ艦船モデラーの秘伝伝授

大日本絵画

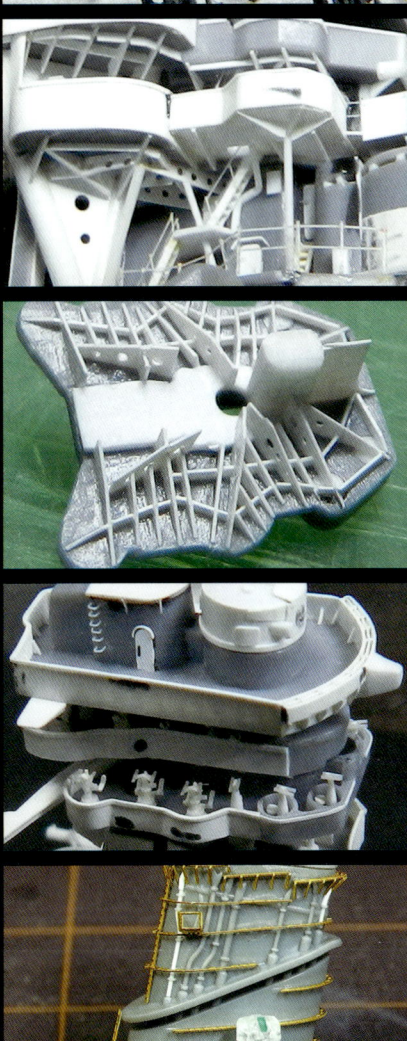

目次

第1部　大渕克　1/700の精髄

帝国海軍戦艦扶桑1944
（青島文化教材社1/700）·················· 6

帝国海軍航空母艦赤城1941
（ハセガワ1/700）·················· 18

第2部　大渕克の技

プラ材の切断·················· 38
プラ棒の切断·················· 38
ハッチの作成·················· 39
スポンソン支柱の作成·················· 40
ベルマウスの作成·················· 41
ボラードの作成·················· 42
スポンソンの加工·················· 43
シックスネスゲージ活用法·················· 47
滑り止め甲板の作成·················· 48

艦首甲板の工作·················· 49
アンカーチェーンの作成·················· 50
丸窓の庇の作成·················· 50
ジャッキステーの工作·················· 51
舷外電路の作成·················· 52
マストの作成·················· 52
カッターの塗装・工作·················· 53
機銃の塗分け·················· 54
旗の作成·················· 55
木甲板の塗装·················· 55
ウェザリング、スミ入れ·················· 57
白線の塗装·················· 57
手すりとキャンバス表現·················· 58
副砲パーツの加工と整形·················· 60
空中線の張り方·················· 61
真鍮線にテーパーをつける·················· 62
プラ板に等間隔に穴を空ける·················· 62
艦上機の製作·················· 63

第3部　大渕克作品集

帝国海軍戦艦大和1945
（ピットロード1/700）·················· 66

帝国海軍航空母艦加賀1941
（フジミ1/700）·················· 72

帝国海軍重巡洋艦古鷹1942
（ハセガワ1/700）·················· 80

ドイツ海軍戦艦ティルピッツ
（ピットロード1/700）·················· 88

佇（たたず）まいを愛でる。

帝国海軍戦艦
大和
ピットロード1/700

帝国海軍航空母艦
赤城
ハセガワ1/700

超絶作り込みが生む驚きのスケール感
——1/700とは思えない軍艦としての自然な佇まい

大渕克氏の作品の魅力はどこにあるのだろうか。ひとつは圧倒的な精密感。ここまで精密に作り込んだ1/700スケールの艦船模型作品はほとんど存在しない。しかし魅力はそれだけではない。ディテールアップされた部分が自然に船体に溶け込むという実艦主義も大きな魅力なのだ。この精密さと自然な佇まいの両立こそが大渕克氏の作品の魅力だといえるだろう。まずその精密さ。便利なエッチングパーツやプラスチック製艤装パーツがメーカーから発売される現在、それらに頼らずプラスチック素材を使いディテールアップしていくことが大きな特徴だ。エッ

チングパーツを貼るのではなくひとつひとつのパーツをプラスチック素材を刻んで作り出す。本書には多数の製作途中写真を掲載したのでご覧になってほしい。手作りでプラ材を加工し艤装を作るにはわずかな誤差があってもそれが積み重なると大きな誤差となってしまう。そのためにはどうすればいいのか。そこには正解や決まった手順はなくひとつひとつ自分で考えていく必要がある。本書を読めばそれらの考え方の基本的な部分に触れることができるだろう。もうひとつの魅力であるディテールアップの自然さは大渕作品ならではの部分だ。通常、ディテールア

ップした部分、そこのみが視線をひきつけてしまうことが多いが実艦ではそのようなことはない。大渕氏が製作した初期の作品、戦艦扶桑などはまだディテールアップした部分とキットのモールドの表現に乖離が見られたが、その後の作品は徐々にその間が縮まるようになった。最新作の空母赤城においてはそれらがもっとも洗練された形となった。本書では最新作の赤城の製作工程をとくに詳しく紹介しその考え方の根底に流れるものを解き明かす。
精密さと自然な佇まいの融合。本書を通じてその魅力を感じ取ってほしい。

はじめに

　私が艦船模型に興味を持ち始めたのは2006年の秋頃でした。当時はすでにエッチングパーツというものが存在し、キット純正のディテールアップパーツもちらほらと出始めていました。ウォーターライン・シリーズが始まった頃に比べると、精密な模型を製作することは、かなり手軽になってきていた時期です。それから数年が経過すると今度はファインモールドのナノドレッドパーツのような精密なプラスチック製アフターパーツが出回ってくるようになりました。その頃の私は、新しいパーツが発売されるたびに、これでさらに製作が楽になると喜んでいたものです。しかし、次第にモノを作っているというよりも、何か作らされているような感覚も同時に持ち始めていました。実は子供の頃、私はそんなにプラモデルは作っていませんでした。インタビューでも述べてますが、紙工作がメインだったのです。夜に布団に入ったあと、「明日は何を作ろう」、「どうやったら作れるかな」と考え始めると楽しくて、なかなか寝付けなかったことを憶えています。ですので、ディテールアップパーツのようにすでに出来上がった形を組み合わせていくことに物足りなさを感じ始めていたのです。そしてさらに数年が経ち、現在の製作スタイルになりました。これは結果的には子供の頃の「自分で考えてモノを作る」という原点に戻ったとも言えます。完成した作品を見るのももちろん楽しいですが、私にとってはアイディアを絞って形を作り出していくことの方が楽しかったということです。製作途中の画像を見て「よくこんな面倒臭い事ができるな」と思うかもしれませんが、工作を行っている時の当の本人は楽しくてしょうがないのです。

　さて、本誌にて初めて詳細な工作法を紹介することになったわけですが、その理由は昨今の模型界隈の状況にあります。3Dプリンタ技術の進歩は目覚しく、今までは考えられなかったようなパーツが次々と出て来ています。私はこの現状に、「もしかしたらこの先、模型の楽しみは、塗装ぐらいしかなくなってしまうのではないか」とさえ思い始めるようになりました。大変おこがましい話ですが、本来の『モノを作る楽しさ』、そしてアイディア次第で作り出せるものは沢山あるということを知ってもらいたいと思ったのです。なんとかこのプラ工作の沼に入り込んではくれまいかと。

　ただ、私は自ら進んでこの沼に入り込む奇特な人が少なからずいることを知っています。きっとこの楽しさを分かってくれる人がまだまだいるはず。

　というわけで、ようこそ沼へ！

大渕克
おおぶちまさる

1970年生まれ。秋田県出身。現在は千葉県在住。実は元陸上自衛官。模型製作に使う工具のアイディアはその頃の経験によるものが大きい。大型自動車免許、けん引免許、危険物取扱者乙種第四類、発破技士、ガス溶接技能講習修了者の資格のほか、第一種、第二種電気工事士は学科試験には合格しているが免状にはしていない。模型製作に生かされている部分は少なく、宝の持ち腐れである。艦船模型の製作を始めたのは2006年の秋頃。まだ見ぬ工作法を追い求め日々精進中。

初出掲載誌紹介

帝国海軍戦艦 扶桑
　　ネイビーヤード22号／2013年3月
帝国海軍航空母艦 赤城
　　ネイビーヤード41号／2019年7月
帝国海軍戦艦 大和
　　ネイビーヤード37号／2018年3月
帝国海軍航空母艦 加賀
　　ネイビーヤード27号／2014年11月
帝国海軍重巡洋艦 古鷹
　　ネイビーヤード25号／2014年3月
ドイツ海軍戦艦 ティルピッツ
　　ネイビーヤード35号／2017年7月

超精密工作が施された大渕克氏の艦船模型作品。まず第1部では2012年に製作された戦艦扶桑と2019年に製作された航空母艦赤城を紹介しよう。31ページからの著者インタビューをご覧になればわかるとおり大渕氏の作品は事実上、戦艦扶桑から始まった。現在の目から見ても究極の超精密完成品といえる扶桑は実験的な要素も多くプリミティブな作品であるともいえる。一方、最新作である赤城はこれまでの経験を活かしてより洗練された工作方法を取り入れている。扶桑ではまず「すべてをプラスチック素材でディテールアップする」という要求がまずあり、そのためにより遠回りではあっても金属素材は使用していない。また機銃などもナノドレッドなどの既存のアフターパーツは使用せずにほぼすべての艤装品をプラ材で自作している。一方の赤城は使えるエッチングパーツやプラスチック製アフターパーツは使用しつつ舷側の外鈑表現などがより自然に見えるような部分にポイントを絞って工作している。赤城のほうはディテールアップ工作の精度があまりに高いため一見、どこまで手が加えれているのかわかりにくい。製作途中写真を見なければどこがキットのままでどこがディテールアップされたのか判別しづらいかもしれない。両方の作品を見ることで大渕作品の過去と今を知ることができるのだ

第1部

大渕 克
1/700の精髄

AOSHIMA 1/700
IJN BATTLE SHIP FUSO

帝国海軍戦艦
1944 扶桑

帝国海軍戦艦 扶桑　レイテ沖海戦時
アオシマ 1/700　インジェクションプラスチックキット
Imperial Japanese Navy Battleship Fuso.
Aoshima 1/700 Injection-plastic kit.

大渕克1/700製作の原点。
1/700の常識を超える
超絶ディテール工作

大渕作品のルーツとも言える作品が2012年に製作された戦艦扶桑だ。本作は2012年ピットロードコンテスト銀賞を受賞した。本作の最大の特徴はオールプラスチックによる徹底的なディテールアップ。手すりやジャッキステー、張線までエッチングパーツや金属線は使わず、ほぼすべて伸ばしランナーなどのプラスチック素材で製作されている。のちの大渕作品の原点ともいえる超ハードボイルドな作品だ。12ページから掲載した製作途中写真を見るとそのあまりの熱量に驚かされる。驚異の大渕伝説はここからはじまる

大渕克
1/700の精髄
その1
2012年製作
圧倒的熱量の
プラ材工作で
魅せる

太平洋戦争では速力が遅かったためほとんど実戦で活躍することのなかった扶桑だったがその独特の艦影から模型としての人気は高い。細長い船体に11mにも達する背の高い艦橋はアンバランスだが欧米からはパゴダマスト（仏塔）と呼ばれ日本戦艦の特徴としてあげられている。これはもとのシンプルな構成の三脚マストに次々と構造物を追加していた結果であり他の国の戦艦には見られないものである

扶桑 帝国海軍戦艦 1944

作品は連合艦隊最後の艦隊作戦行動ともいえるレイテ沖海戦参加時の姿を再現している。扶桑と山城は速力が遅かったため、太平洋戦争中、ほぼすべての期間を練習艦や演習目標艦として実戦から遠ざかっていた。ミッドウェー海戦後は空母部隊再建のために、航空母艦への改装も検討されたが結局これらは実施されることはなかった。レイテ沖海戦でも主力部隊である栗田艦隊や囮艦隊として出撃した小沢艦隊には配置されず別動部隊

として行動した。航空部隊が壊滅的損害を受けた帝国海軍は敵制空権下で行動することが予想されるため可能な限り対空兵装を強化していた。扶桑も副砲の数を減らし、25mm三連装機銃8基、同連装機銃16基、同単装機銃39基、13mm単装機銃10基と合計105基の機銃を搭載して出撃した。主砲発射の爆風を避けるため高角砲の配置には苦労したようでとくに後部の高角砲はほかの艦には見られないような不安定な位置に装備されている

戦艦扶桑はウォーターラインシリーズでは青島文化教材社の担当。リニューアル版のキットは2007年に発売されたがそれをさらに改良したリテイク版が2011年に発売された。2007年のリニューアル版は作りやすさと精密感を併せ持つキットだったが、船体や上甲板のパーツを新規パーツとして改良しさらに進化したキットとなった。なお戦艦山城も同様に現在はリテイク版発売されている。通常版は1944年のレイテ沖海戦時を再現したものだがほかに1938年時版も発売されている

扶桑型戦艦は太平洋戦争に参加した帝国海軍戦艦の中でもっとも速力が遅く、活躍の機会に恵まれなかった。上から見ると船幅は意外と細く三連装砲塔を装備してすらりとした船型のアメリカ戦艦と比べるとスマートな印象を受ける。主砲の配置などを見ると機関を増設するようなスペースがなかったのが低速力の原因だったのだろう。3番砲塔、あるいは4番砲塔を撤去しそのスペースに機関を搭載すれば速力が上がったはずで、そうすれば太平洋戦争でももう少し活躍の場があったかもしれない。

もっとも対抗するアメリカ海軍の旧式戦艦部隊も大半は最大速力は21ノットしか発揮できなかったため、24ノットが発揮できた扶桑型は対戦艦戦闘では活躍できた可能性もあっただろう。扶桑はレイテ沖海戦に参加したがスリガオ海峡でアメリカ艦隊の待ち伏せ攻撃を受けた。駆逐艦からの4本の魚雷が命中した扶桑は弾薬庫に引火し爆沈した。太平洋戦争で駆逐艦に撃沈された戦艦は扶桑が唯一である

この扶桑は、「エッチングパーツやプラスチック製のアフターパーツを使わずに自作でいったい何処までディテールアップ出来るのか？」ということをコンセプトに2012年に製作しました。

艦船模型用ディテールアップパーツが豊富に出回っている昨今にあってここまでやるにはそれなりの理由があった訳ですが、ただ本書をお読みの方はディープな艦船模型マニアの方が多いでしょうし、製作過程の方に興味があると思うのでさっそくそちらに入っていきたいと思います。

製作に当たってはヤヌス・シコルスキー氏の図面を参考にしました。また図面で形状が把握できない部分についてはフジミの1/350扶桑のパーツを見ながら製作しています。

素材はプラストラクトやエバーグリーンの各種プラ材と伸ばしランナーを使っています。そこまでこだわる必要は無かったのですが今回は敢えてオールプラスチックで製作しました。なのでディテールアップを施してますが純粋な（？）プラスチックモデルです。

ここで製作方法など全てを伝えることはできないと思いますのでかいつまんで紹介したいと思います。

まず最初はアンカーチェーンです。ここを作り終えたとき「これなら全て自作でいけるかも」と思った部分でもあります。ディテールアップ用に極細のチェーンが販売されてますが1/700と考えるとちょっとオーバースケールです。また実際のチェーンはもつれるのを防ぐためにチェーンの輪の中間にスタッド（間柱）があります。それらをどうにかリアルに表現出来ないかと思いました。

作品では真ちゅう線を2本並べたものにのばしランナーを巻き付け、お湯につけたあと冷やしてコイル状のものを作り、それを切り出して各チェーンのコマを作っています。接着はリモネン系接着剤とGSIクレオスの接着剤Mr.セメントSで行なっています。試行錯誤を含めるとここだけで4日近くかかってしまいました。手間がかかるのであまりお勧めしませんが重巡クラスならばチェーンも短いのでやってみる価値はあると思います。この他にモンキーラッタル

や舷窓の庇などお湯を使った加工を今回は多用しました。

続いて手すり部分の製作ですが、この部分も試行錯誤を繰り返しました。のばしランナーで製作したわけですが、一口にランナーと言っても色によって柔軟性や堅さが異なり、またメーカーによっても違います。一般的には白色が一番柔軟性があり、透明なものが一番堅く折れやすいようです。また塗装によって多かれ少なかれ脆くなるようです。

私は支柱部分には当初黒ランナーを、チェーンに当たる部分は白ランナーを使いました。ただ後半では支柱部分は透明ランナーに変更しています。細く短いものであればそんなに簡単には折れないことが分かったからです。作り方としては、まず長めに切り出した支柱部分になるランナーの上端部分と下端部分を両面テープで真ちゅう板などに固定し、リモネン系接着剤で横のチェーン部分を接着していきます。ごく少量の接着剤を使って接着していくわけですが接着剤は透明なので実際に接着剤が付いているかどうかが判別しにくいところです。そのため視

市販の極細チェーンでは飽き足らず、まずはアンカーチェーンの自作から入ったというのがすごい。極細ののばしランナーをコイル状に成形し一コマ一コマ製作している。手すりももちろん自作。支柱部分とチェーン部分ののばしランナーの素材を変更し組み立てている。ここでも真ちゅう線などは使用していない。

甲板上に並ぶ機銃はもっとも時間のか

かった部分で手軽で便利なナノ・ドレッドシリーズなどは封印し、すべて手作り。25mm連装機銃は52個のプラスチックパーツで構成されているという。ここまで高いレベルの精密工作はもはや肉眼で確認することは困難なのでぜひ拡大した誌面の写真でご覧になっていただきたい。これは1/700の作品なのだということをもう一度思い出していただきたい

帝国海軍戦艦
扶桑
1944

認性を高めるためにエナメル系のクリアーレッドを溶かし込んで行ないました。ただし塗料をそのまま入れたのでは接着力を低下させてしまいますのでキャップや瓶の口の部分などに固まって付着しているものを使っています。

次に煙突周辺及びカタパルトなどのトラス構造部分ですが、極力正確に再現するために今回はパソコンの力を借りています。例えばカタパルトであれば単純に線だけで構成された1/700の図面をプリントアウトし、それに合わせて作成しています。

素材はエバーグリーンの0.13mm厚のプラ板をカッターの刃で削いで更に薄くしたものを使いました。本艦の製作にあたってはこの0.13mmプラ板は大変重宝しました。ブルワークやその他あらゆる部分に使っています。

もっとも苦労したのは機銃の製作です。ちなみに連装機銃は52個のプラ片で構成されており、予備も含め完成させるのに2ヵ月近くかかってしまいました。単装、三連装、13mm機銃を含めると製作期間の約半分を機銃製作に費やしたことになります。機銃の自作は今回限りに

したいというのが正直なところです。

ここで精密工作にあたって使用した工具について紹介したいと思います。

ピンセットはシモムラアレックの先平タイプと超極細タイプの2種類を使い、同じくニッパーも同社の精密ニッパー「イノーブ」を使いました。特にこの精密ニッパーは片面が平らになっておりギリギリで切り出すことが出来るため張り線作業などで大変役立ちました。

カッターは通常のデザインナイフの他、プラ板を短冊状に切り出すためオルファの「別たち」を使っています。あとスジボリ堂のタガネを使いましたが、その切削精度は一度使うと手放せないですね。

製作に際して皆さんに紹介したい道具があります。整備用の工具でシックネスゲージというものです。様々な厚さの金属板が組み合わさった物で例えば銅線などで好みの間隔のコの字状のものを作るのに適しています。決して高い物ではないので持っておくと便利かもしれませ

ん。この工具の詳しい使用方法などは47ページで紹介しています。ご興味のある方はご覧になってください。

この作品を製作してみてエッチングパーツなどを使わなくても肉眼で見るレベルであれば充分細密表現は可能であることが分かりました。ただ当然のことながら時間はかかります。この扶桑は艦載機が無いことからも分かると思いますが実のところ100パーセント完成していません。ここまで作るのに引越や腰痛のため約3ヵ月作業ができなかったとはいえ1年2ヵ月という期間がかかってしまいました。切り出したプラ材の数を数えるのは途中で諦めましたかおそらく1万は超えていると思います。それでも持続できたのは全てが新しい発見の連続であり、またひとつひとつのパーツそれぞれが作品であって存分に作る醍醐味を味わうことが出来たからだと思います。

この製作途中写真、1/700ということをお忘れなきよう。

掲載された写真を見ると大スケールの模型ではないかと勘違いしそうになるが本書に掲載した作例はすべて1/700スケール、このページに掲載された扶桑の艦橋は人差し指くらいのサイズなのだ。一見してわかるのはグレーのキットの部分と自作の白いパーツとの対比。見慣れた金色や銀色のエッチングパーツはない。ブルワークのリップの部分はもちろん窓枠や21号電探の格子状の網の部分までプラスチック製だ

圧倒的工作造形力、市販パーツにはない表現力の発露

艦橋後面や煙突付近も凄まじい工作だ。あらためて8〜9ページの完成品を見てもどこが自作でどこがキットなのか区別がつかないのではないだろうか。煙突周辺のラッタルや煙突の周囲に張り巡らされたジャッキステー、13号電探……もはやため息しかでないほどの超々精密工作技術！

出版物として扶桑の製作画像の公開は本誌が初となるのですが、製作を開始した時からすでに8年が経過しているので、記憶が曖昧な部分が多々あることを予めお断りしておきます。通常であれば、画像に写っているものが何であって、どういった工作を行なったかを説明するところなのですが、今回は、その工作に至った背景や現在の工作法との比較など、今までとは少し角度を変えて説明してみたいと思います。製作は1年と2か月にわたるものだったので工作方法も途中で変化しているところがあります。

【写真1】錨鎖甲板のディテールアップを行なっているところです。扶桑の製作を始めるにあたって、まず初めに行なったプラ材工作がアンカーチェーンの作成でした。何度も試してみて、伸ばしランナーでも表現できるとわかったときに、これならプラ材のみのディテールアップで最後まで行けるという手応えを感じたのを憶えています。この時は、伸ばしランナーの太さは目で見た感覚のみで判断しており、また、リンクのカットする位置も現在とは違っていました。現在は省略していますが、この時は横に寝た状態のリンクの中央にあるスタッドも再現しています。舷外電路はこの時はプラストラクトの0.3mm角棒を削って薄くしたものを使っていました。止め金具部分が黒く見えているのは、ウェーブの黒い瞬間接着剤を使っているからです。プラ角棒に1.5mm幅のマスキングテープを少し隙間を開けて並べて貼り、隙間のところに黒い瞬間接着剤をつけ、固まったらはみ出た部分をMr.ポリッシャーで削り落とし、マスキングテープを剥がしたら、残った黒い瞬間接着剤が止め金具に見えるというものでした。止め金具を一つ一つ作らねばならず、今と比べるとかなり効率の悪い方法でした。ただ現在の方法では止め金具は一面にしかないので細かい事を言えば止め金具としての形を成していません。再現度は当時のほうが高いです。

【写真2】作成したアンカーとナノドレッドパーツを比較しているところです。アンカーはウォーターラインシリーズの共通パーツであるWランナーのパーツをベースに加工しました。

【写真3】今ではすっかりエッチングパーツに頼りきりですが、この時はモンキーラッタルも伸ばしランナーで作成しました。たぶんシックネスゲージに伸ばしランナーを巻きつけて、熱湯をかけたあと、水につけて形状を固定したものからコの字の部分を切り出していたと思います。ただこの方法だと伸ばしランナーがかなり無駄になってしまうので、古يの時には細く切り出した真鍮棒に巻きつけて作っていたのではないかと思います。弱粘着の両面テープの上にコの字の右側の部分がそろうように並べて、オルファの『別たち』でカットすることで、同じ高さにまとめて切り出していました。大きなフェアリーダーは、おそらく現在のベルマウスの作成方法と同じ方法で作成したと思います。金属棒にプラ棒を巻き付けて熱湯で形状を固定する方法もありますが、プラストラクト、エバーグリーン、どちらのプラ棒もこのぐらいの太さのものをこのRで曲げると、ほぼ折れてしまいます。現在ではファインモールドからナノドレッドパーツのフェアリーダーが発売されているので、フェアリーダーの表現に苦労することは無くなりました。写真では少々見にくいですが、盲索の表現は、この時はプラ棒をカッターで薄くスライスしたものを貼り付けていました。真鍮パイプをポンチとして利用することはこの時点ではまだ思いついていませんでした。

【写真4】プラ棒で作成した通風筒で、おそらく一番サイズの小さいものです。先端の太くなっている部分は今であればプラ板を真鍮パイプで作ったポンチで打ち抜いたものを使っているところですが、この時点ではまだその方法に気づいていなかったはずです。また穴を開けたプラ板を使って高さのそろった円柱を作り出す方法も当時は思いついていません。では、どのような方法を取ったのか、あれこれと記憶をたどってみたところ、一応思い出しはしたのですが、あまりにも非効率な方法で、これを知ったところで何の役にも立たないと思うので説明については省略させていただきます。

【写真5】自作した副錨とナノドレッドパーツを比較しているところです。自作パーツは形状がそろっていませんが、当時初挑戦としては割とよくできたのではないかと、ここでは

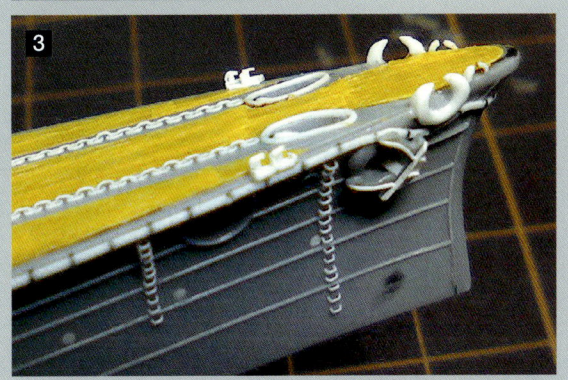

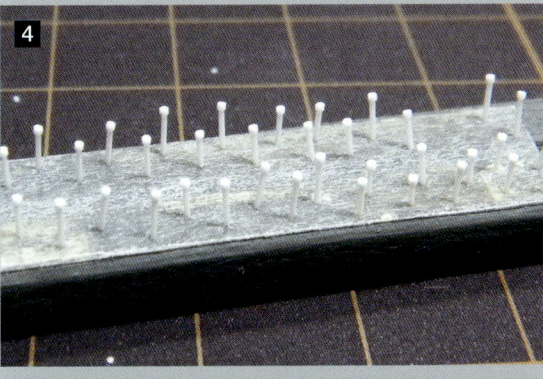

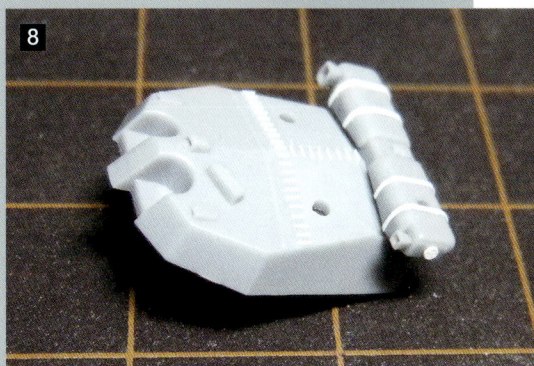

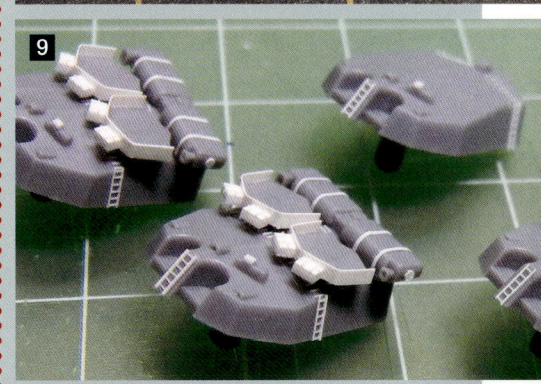

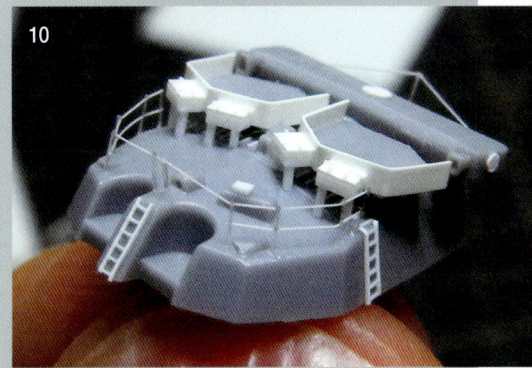

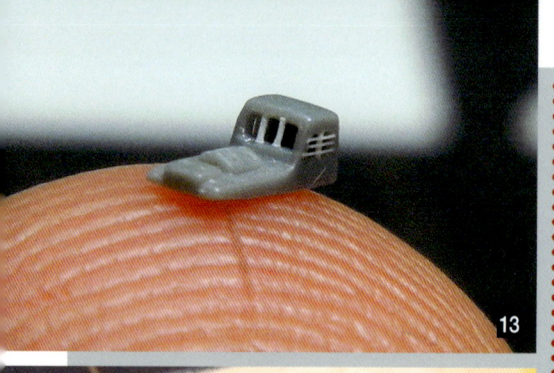

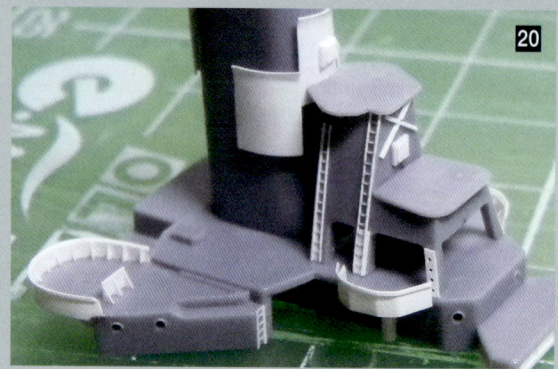

自分を評価しておきたいと思います。

【写真6】パラベーン（防雷具）はシコルスキー氏の図面を元に作成しました。胴体部分はプラ棒をモーターツールで回転させながら加工しています。この時からモーターツールを使ってプラ棒を加工するようになりました。パラベーンを自作したのは扶桑と古鷹ぐらいで、今ではプラ製アフターパーツに頼ってます。ティルピッツを製作したときは日本海軍のパーツでは大きすぎたので、久しぶりに自作しました。

【写真7】リールの丸いプレートは既製品のポンチを使用したのか、それとも真鍮パイプをポンチとして使ったのか、微妙なサイズなのでちょっとわかりません。もしかしたらこの時に真鍮パイプをポンチとして使うことに気付いた可能性があります。軽目穴は何かをガイドとして位置決めしたわけではなく、フリーハンドでケガキ針で印をつけてドリルで穴を開けたと記憶しています。

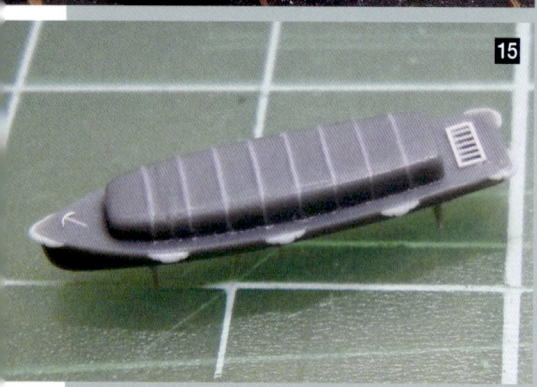

【写真8〜11】主砲を製作しているところです。天蓋上の足をかけるプレートが並んでいるところはエバーグリーンの0.13mm厚プラ板を細く切ったものを接着しています。数十本並べた状態でオルファの『別たち』でカットすることで長さをそろえています。梯子も同じく0.13mm厚のプラ板から細く切り出したものを接着しています。弾薬箱はおそらくプラストラクトの断面が0.5mm×1.0mmのプラ角棒で作成していると思います。手すりの支柱部分には透明ランナーを使っていました。これは通常のランナーの場合、簡単に曲がってしまうからで、透明ランナーは折れやすいイメージがありますが、これだけ細くなると折れなくなり、通常のランナーよりもコシがあって曲げの力に耐えてくれます。あらかじめ手すりの形に作成してから砲塔パーツに接着しました。

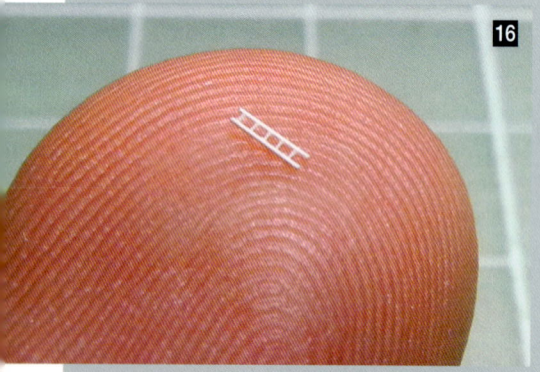

【写真12】最終状態で演習外とう砲支持具が砲身に取り付けられているのは不自然かもしれませんが、当時は考証というものをあまり意識していませんでした。片側の砲身の角度を変えるために、防水キャンバス部分を切断し、削ってから再び接着しています。

【写真13、14】内火艇はウォーターラインシリーズの標準パーツであるWランナーのパーツを使用しました。一つ作るのに二個のパーツを使っています。理由は船体と上部構造物を別に作成するためです。スジボリ堂のタガネをこの頃持っていただろうかと思いましたが、当時の記事に書いているところを見ると操縦席の窓は、それを使って彫り込んだようです。船体にはエッチングソーを使って木甲板のスジ彫りを施しています。操縦席の窓にしろ、甲板のスジ彫りにしろ、おそらく何回か失敗しているはずです。なにしろ初めての本格的なプラ材工作でしたから、三回失敗するのは当たり前で、五回失敗というのもざらにありました。写真では塗装した状態なので、手を加えた箇所が分かりにくいですが、古鷹もWランナーのパーツを加工しているので、そちらの製作画像を見ていただけるとよくわかると思います。

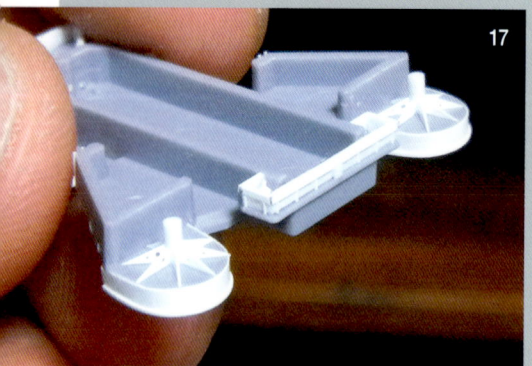

【写真15】ランチについてもWランナーのパーツを使用しました。幌のフレームを再現するために、彫ったスジに伸ばしランナーを貼り付け、流し込みタイプのリモネン接着剤で表面を溶かし込んで凹凸をなだらかにして、幌の表面にフレームが浮き出ている様子を再現しています。

【写真16】プラ材で作成した梯子ですが、ここに写っているものは、足を掛ける部分は伸ばしランナーで、両側は0.13mm厚プラ板をカットしたものだと記憶しています。

【写真17、18】煙突基部の構造物ですが、ブルワーク処理、補強三角プレート、プラ棒のカットなどスクラッチの基本工作が集約されています。これらの工作方法は今でもあまり変わっていません。

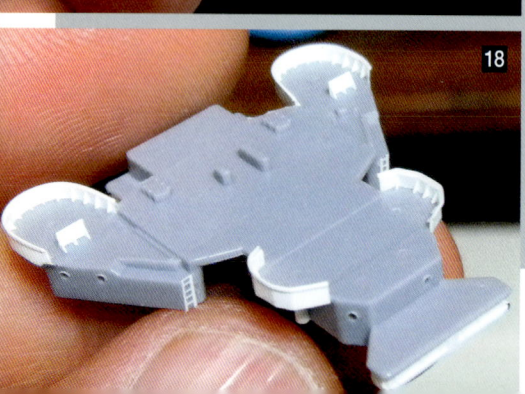

【写真19】日本海軍の戦艦の煙突には排煙口付近に笠のような構造があり、そのすぐ下には溝が入って少し細くなっています。煙突の縁を薄くしつつ、上の笠とその下の溝を再現するにはどういったアプローチで製作したらよいのか。煙突を実物に則した形状に製作するうえで、これが一番難しいポイントでした。正直今でも悩むところです。当時どのように作成したのか。正直はっきりと覚えていないのですが、推定で説明しますと、まず煙突パーツの縁をモーター

ツールやダイヤモンドヤスリなどで薄く削ります。次に煙突上部内側にエバーグリーンの0.26mm厚プラ板を上が少しはみ出た状態で接着します。煙突の穴は上のほうから薄く削ったことにより、大げさに言うとすり鉢状になっており、接着した0.26mmプラ板は上側が少し開いた状態になります。紙を丸めて作った漏斗を縁の丸いガラスのコップに当てた状態を想像していただけるとわかりやすいと思います。続いて煙突の縁から少しあけて（0.2mmほど）上部にはみ出た0.26mmプラ板の周囲にプラストラクトの0.3mmプラ角棒を貼り付けます。そして余分にはみ出た0.26mmプラ板を削り落とし、頂部を笠の形に整えます。最後に内側の0.26mmプラ板の段差を削って整えます。白いプラとグレーの成型色の境目がグラデーションがかかっているように見えているのはこのためです。縁の近くの黒ずんで見える箇所はウェーブの黒い瞬間接着剤で修正した跡です。

【写真25】防熱板の上端はめくれるように少し外に広がっています。当時はプラ板の上の部分を曲げましたが、曲率（水平方向）が少ないので、歪まずにどうにか形にはなってますが、展性の低いプラスチック素材に対する加工の仕方としては適切とはいえません。今なら別のアプローチをとっているところです。

【写真26】0.13mm厚プラ板を更に薄く削いで細切りしたものを組み合わせて作成したと記憶しています。画像には写ってはいませんが、パソコンで図を描き、それに合わせて作成するという方法はこの時から行っていました。

【写真27】ジャッキステーも伸ばしランナーで作成しましたが、コツは特になく、とにかく根気でやり切った憶えがあります。今では同じことをとてもやる気にはなれません。

【写真28、29】トラス部分の軽目穴の開いたプレートとプレートの間に隙間があるのを見ると、当時の工作の未熟さを感じています。軽目穴はおそらく当時もエッチングソーを利用して等間隔に穴を開けていたと思います。

【写真26】画像の中で赤く見える部分（手すり）がありますが、これは接着剤がちゃんと付いているか確認するために、リモネン接着剤に乾いて固まったエナメル塗料のクリヤーレッドの欠片を溶かしているからです。この部分の手すりはパーツ上で組み上げています。煙突頂部にも着目していただきたいのですが、雨水カバー金網のフレームは頂部からすぐに内側へと伸びているのではなく、煙突開口部のアウトラインが少し立ち上がってから内側に伸びています。実際には少し外側に開くように立ち上がっているのですが、その点については省略しました。

【写真30】今なら間違いなくエッチングパーツで済ませてしまうところですが、13号電探は薄く削いだ0.13mm厚プラ板と伸ばしランナーで作成しました。黒のランナーは見やすくするために使っただけで、特に黒に意味があるわけではありません。

【写真31】蒸気捨て管はプラストラクトのプラ棒で作成しました。所々節のように見えるのは固定金具を表現したもので、今ならタミヤの0.05mm厚プラペーパーを使用するところですが、当時は無かったので、0.13mm厚プラ板を削いで薄くしたものを使っています。

【写真32】後部艦橋はメインの艦橋に比べれば構造はシンプルとはいえ、図面に描かれたディテールを全て取り込もうするとかなりの情報量があります。下から三分の一ほどのあたりに黒く見えているのはウェーブの黒い瞬間接着剤です。今ではパーツの合わせ目やヒケの修正には一般的な透明の瞬間接着剤を使っていますが、当時は黒い瞬間接着剤を多用していました。

【写真33】下面の補強三角プレートは柱に接するラインが垂直ではなので取り付け箇所ごとに角度を調整して取り付けています。中央の見張出部分では横方向の梁を三角プレートの間に差し込む形で接着していますが、ここも一枚一枚長さを微調整して取り付けています。

【写真33】クロスツリーより上部は塗装してから後部艦橋に接着できるように工作しています。そのため中央の後部艦橋との連結部が少し大きめになっています。

【写真31】後部艦橋のモンキーラッタルは高さがあるので数が多く、全てを並べて一発で同じ高さになるようにカットできなかったために形状がそろっていません。今の目で見ると

25

26

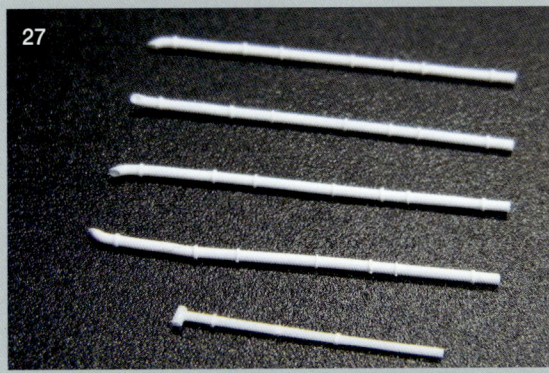

27

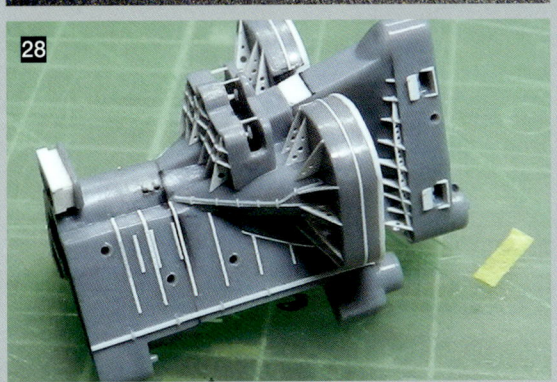

28

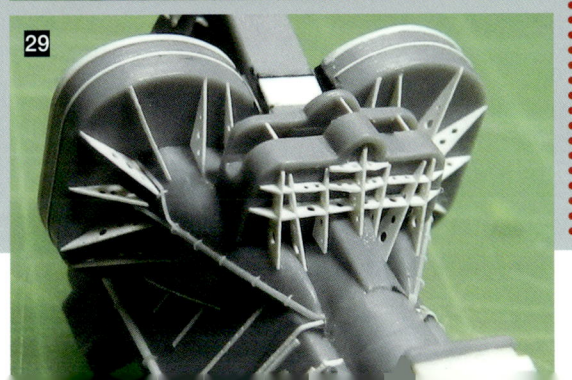

29

30

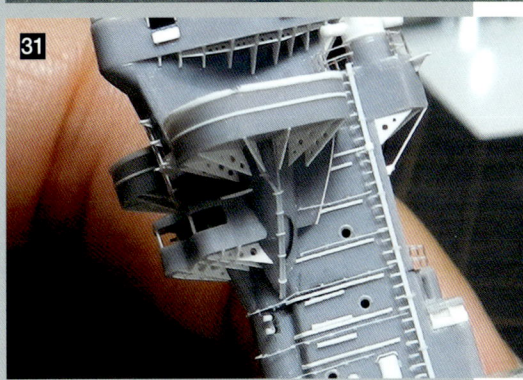

31

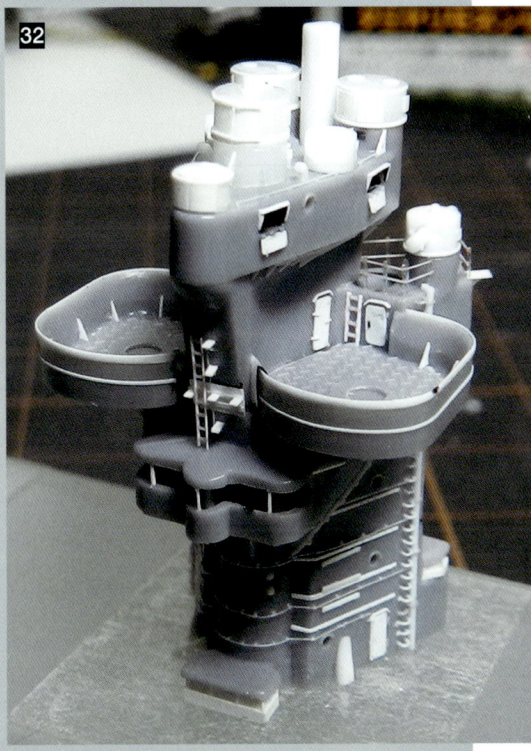

32

33

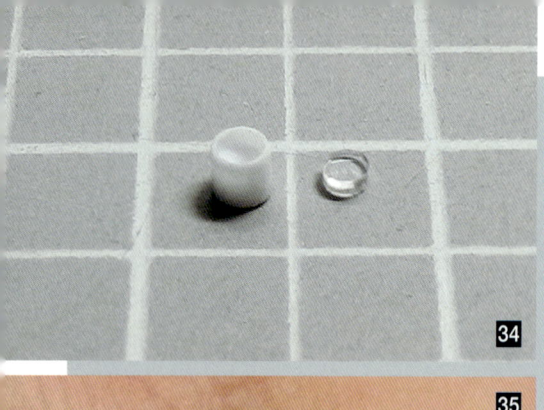

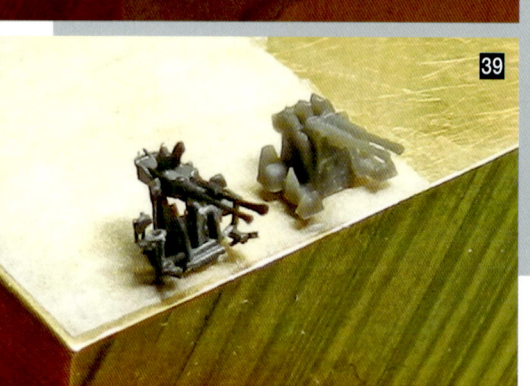

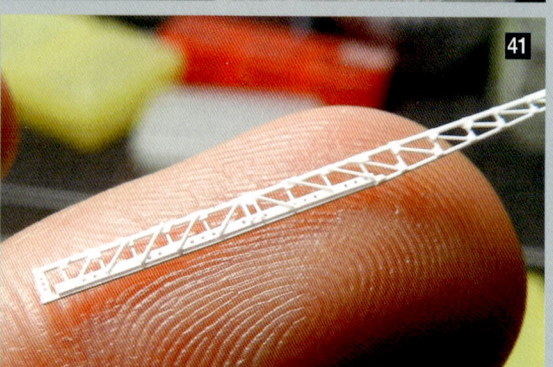

拙いなと感じてしまいます。

【写真32】上部に装備された円筒形の装置類は、モーターツールを使ってプラ棒を加工しています。目的の径にピッタリのプラ棒というのはそうそうありません。それぞれプラ棒をモーターツールに取り付けて、回転させながらMr.ポリッシャーPROを当てて削り、直径を調整しています。水密扉は、今では多くの種類のエッチングパーツが出回っており、ナノドレッドパーツもあるので、場所にあったものを選ぶことができますが、当時はあまり選択肢が無かったので、扶桑を製作した以降も、水密扉の自作は度々行なっていました。

【写真33】デリックの滑車はあらかじめブームの取り付け角度を決めて接着しています。中段あたりの梁が黒く見えているのは黒の伸ばしランナーで、帯状のプラ板の両側に伸ばしランナーを貼り付けることで、断面が『コの字』の鋼材を表現したものです。

【写真34】探照灯の本体部分を作成しているところです。レンズは透明ランナーから作成していますが、ランナーの断面はきれいな円にはなっていません。なので火を当てて少しだけ伸ばしたものから切り出しています。レンズ表面のツヤ出しは、モーターツールにアルミのリベットを取り付け、そこに強力タイプの両面テープでレンズパーツを貼り付け、回転させながらコンパウンドをつけた綿棒を当てて行ないました。

【写真35】完成した探照灯です。レンズは本体塗装後にはめ込み、シャッターは塗装した伸ばしランナーを後から接着しています。ところで、完成写真をよく見ていただけると分かるのですが、探照灯が一つ横に倒れています。これは煙突周りを製作したとき、リモネン接着剤は塗装の上からは接着できないことはわかっていましたが、まだスチロール樹脂系の接着剤と混ぜることができることに気付いていなかったので、リモネン接着剤をたっぷりつけて無理矢理接着したからです。製作したときはどうにかくっついていましたが、後から振動などで外れてしまったようです。ちなみにですが、リモネン接着剤が塗装の上からは使用できないというのは決して欠点ではありません。考えようによっては素晴らしい利点です。いずれそれを証明してみたいと思います。

【写真38】これも今ならば迷わずエッチングパーツを使うところです。当時どうやってステップを等間隔に配置したのかよく覚えていません。おそらく目盛を印刷したプリンタラベルに合わせて配置したと思いますが、古鷹を製作したときは、エッチングソーの刃の山（△△△△△）を利用することで、等間隔に同じ傾きでステップを配置しました。

【写真37】光学機器です。おそらく射撃指揮装置だと思います。こういった小さい装備品の作成はリモネン接着剤があったから出来たことで、リモネン接着剤が無い時代だったら出来なかったと思います。

【写真38、39】連装機銃を試作し、ナノドレッドパーツ（旧版）と比較しているところです。

【写真40】機銃を量産しているところです。1基あたり50を超えるプラ片で構成されています。最終時の扶桑は数多くの機銃を装備しており、予備も含めて70基以上を製作しました。どれだけかかったのか、ハッキリとは憶えていませんが、当時の記事で、「製作期間の約半分」と書いているので、とにかく時間がかかったことは間違いないようです。今では老眼が進行したこともあり、とても同じことをやる気にはなれません。

【写真41、42】呉式二号五型射出機は、削いて薄くした0.13mm厚プラ板で作成しました。パソコンでトラスの梁のラインのみの図を作成して、それに合わせて作っています。上面と側面を組み合わせる時にはシックネスゲージを利用していると思います。

【写真43〜45】前方にある司令塔のスリット状の窓は、水平方向に全てつながった状態に彫り、間にプラ板を差し込むことで再現しています。これは今でもよく使う方法です。高射装置を支えるために高角砲台座の内側から斜めに伸びる支柱の取り付けにはかなり苦労したことを憶えています。

【写真46〜48】艦橋はキットパーツをベースに加工しましたが、背面のガーター部分は0.26mm厚プラ板で製作しています。内部を通る支柱は全てプラ棒に置き換えました。大和型を除く日本戦艦の艦橋は、内部を柱が通っ

ており、そこに階層を積み重ねた構造になっています。組み上げていくときは傾きに注意しながら製作していくわけですが、見落としがちなのが『ねじれ』です。キットをそのまま組み立てるのであれば意識しなくても問題が起こることはまずありませんが、スクラッチで組み立てていく場合、前後左右からの傾きの確認だけだと、後になって上から見てみたら艦橋がねじれていたということがままあります。実際この時もその問題が発生して修正に苦労した記憶があります。

【写真⑯】各階層層下の補強構造も図面を元に全て再現しました。一見大変そうに見えるかもしれませんが、しっかりした図面さえあれば、時間をかければ出来上がるものなので難易度としては決して高くありません。

46

【写真⑰】艦橋に装備された光学機器類も図面を参考に全てプラ材で作成しました。肉眼ではほとんど確認できなくなるような部分ですが、小さな装備品の作成には今でもこだわっている部分です。94ページのティルピッツの画像を見ていただけるとわかるのですが、今はこの時よりも進化しています。いずれ機会があれば、このような小さな装備品の作成方法も具体的に説明してみたいと思います。

【写真⑱】完成後はほぼ見えなくなってしまう部分ですが、製作者としては細かな構造がびっしりと詰まっているのを見るとワクワクしてきます。艦船模型が好きな方ならこの点に共感していただけるのではないでしょうか。

47

【写真⑲】現在のアオシマ扶桑のキットはリテイク版となって最終時の拡張された防空指揮所のパーツが追加されていますが、当時のキットの防空指揮所パーツは拡張されていない状態のパーツでした。今であれば床面を全てプラ板で作成するところですが、この時は拡張された部分のみをプラ板で追加するかたちで再現しています。理由としては、中の構造物部分をキレイに切り出す自信が、当時は無かったからです。前面にある遮風装置を当時どのように作成したか、はっきりとは覚えていませんが、おそらく今回の「赤城」の飛行甲板のところで紹介している排水溝のパーツと同じようなものをまず取り付け、一つ目の仕切りの位置に合わせて細く切ったプラ板を貼り付けていき、その上からプラ板を貼って仕上げていると思います。言葉だけではイメージできない方も多いと思うので、いずれ機会があれば詳しく説明したいと思います。

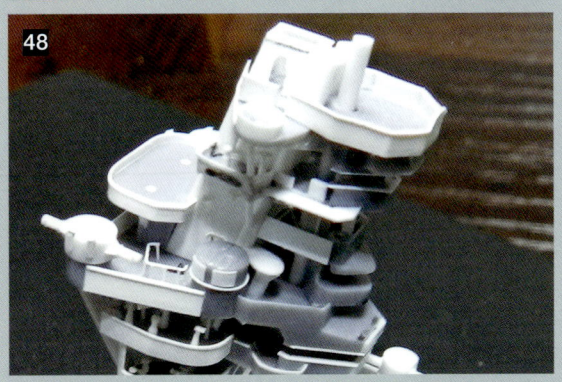

48

【写真⑲】22号電探のコーン部分はモーターツールを使って作成しています。この時はおそらくプラ棒を鉛筆のように先が細くなるように削り、円錐部分を切り出してからコーンの開口部をドリルで穴を開けたのだと思います。ケースバイケースですが、先にプラ棒に穴を開け、逆向きに円錐を削り出すこともあります。本誌に作品は掲載されていませんが、1/350の潜水艦に装備された22号電探のコーンはこの方法で作成しています。

【写真⑲、㉑】艦橋トップに装備された21号電探です。メッシュ部分の作成方法ですが、まず四角い穴を開けたプラ板を用意します。次に穴の周囲に両面テープと目盛を印刷したラベルを貼ります。そして目盛に合わせて伸ばしランナーを貼り付けて格子の状態にします。最後に伸ばしランナーが交わった部分を接着するわけですが、一箇所ずつ接着していったのでは接着部に触れた際にズレが生じる可能性があるうえに時間もかかります。そこで考えたのが流し込みタイプのリモネン接着剤をエアブラシで吹き付けるという方法です。この方法はこれ以降一度も使っていません。この時は自分で「プラ材縛り」というルールを設けたので、何とかアイディアをひねり出して作成しましたが、今なら何のためらいもなくエッチングパーツを使います。同じ方法で飛行機落下防止ネットなども作成できるはずです。エッチングパーツではできない歪みも表現できると思うので、興味のある方はチャレンジしてみてはいかがでしょうか。1/350スケールならそんなに難しくはないと思います。

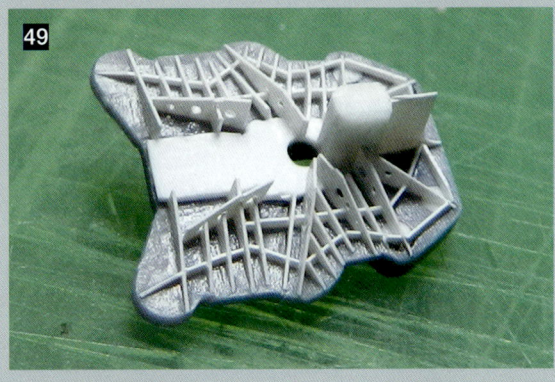

49

50

【写真㉒】前に説明した通り、後檣は後部艦橋とは分けて製作し、塗装後に組み合わせました。ヤードの部分は真鍮線なら先端を細く加工するのは簡単ですが、プラ棒の場合、モーターツールで加工する際に少しでも抵抗をかけすぎてしまうと簡単に折れてしまうので加減が難しいです。おそらくこれを作成した時は、何回か失敗しているはずです。

51

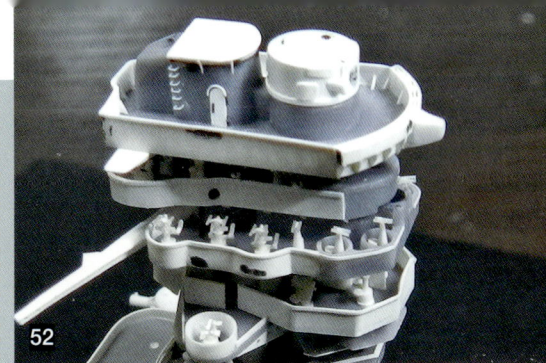

52

53

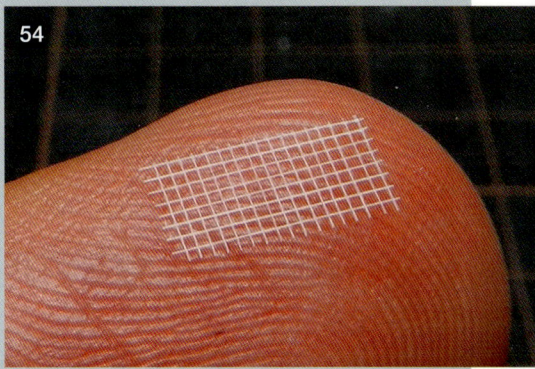

54

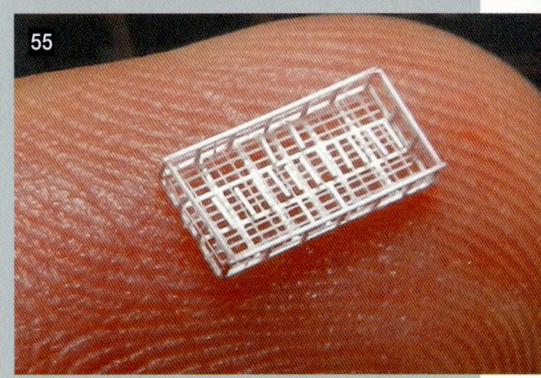

55

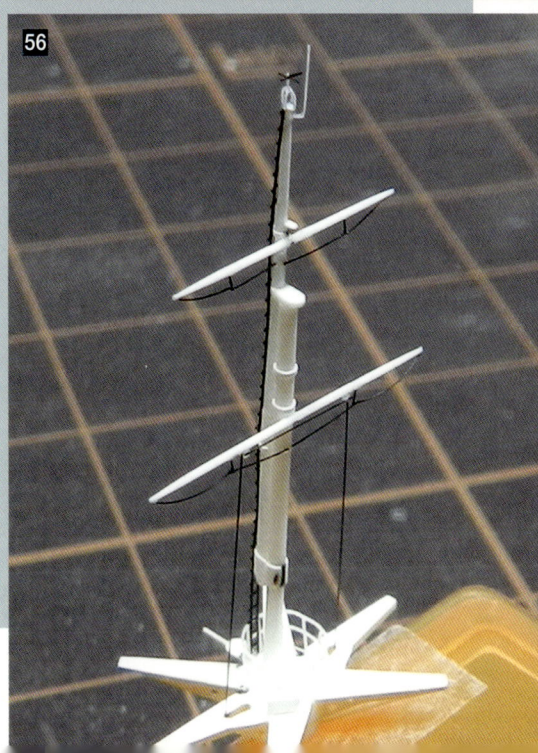

56

ハセガワの赤城は2014年にリニューアルされた。1/350スケールのキットを経てのリニューアルで赤城のキットとしては2016年に発売されたフジミの艦NEXTシリーズと並んで最新のものとなる

日本海軍航空母艦 赤城
ハセガワ 1/700
インジェクションプラスチックキット
Imperial Japanese Navy Aircraft carrier Akagi.
Hasegawa 1/700 Injection-plastic kit.

帝国海軍航空母艦

赤城

1941年

帝国海軍でもっとも人気のある空母、赤城。巡洋戦艦から二度の大改装を経て開戦を迎えた本艦はきわめて複雑な構造物の集積で模型的な魅力に満ちている。前ページまでの扶桑は2012年製作で赤城は2019年製作。7年の歳月を経て大渕作品はどのように変化したのだろうか

大渕流1/700造艦術の最新形
控えめなディテール
表現に潜む
圧倒的スケール表現

大渕克
1/700の精髄
その2
2019年製作
圧倒的精度の
スケール感で
魅せる

煙突のジャッキステーには鎌倉模型工房の精密ジャッキステーを使用。ステンレス製のエッチングで非常に細く繊細に出来ており、スケールにあったリアルな質感が得られる。取付けについては4本に1本の割合で長くなっている支柱部分を穴に差し込んで取り付ける。作品では跡が目立たないように基板穴あけ用の0.1㎜径のドリルで穴を開けて取付けを行った。なおパーツには異なる3種類のピッチがあり、穴あけ用のガイドも付属している。

派手さはない。だがしかし、見れは見るほどに
スゴい作り込み、そして溢れるスケール感。
そこに大渕 克の超絶技巧が濃縮されている。

赤城

空母の島型艦橋は戦艦などに比べればずっと小さいが、それでも見せ所の一つであることは変わりない。赤城の艦橋は、立ち上がりは丸みを帯びたアウトラインだが、途中から角張っているという特異な形状をしており、側面には多くのパイピングがみられる。これぞ赤城の艦橋と思える仕上がりになるかどうかは、それらの再現度が関わってくる。今回はマントレットの表現は行なわなかったが、その分面構成が顕わになるため、シャープな面出しと表面にあるディテールの再現は入念に行なった。マストは真鍮線で作成。空中線支柱についてもエッチングパーツは使わずにディテールのバランスを考えて真鍮線で作成した。

HASEGAWA 1/700
IJN AIRCRAFT CARRIER AKAGI

製作に当たって、同社の1/350キットを参考にしました。塗装はキットの指示に従っていますが、佐世保工廠標準色（Mr.カラー 日本海軍工廠標準色セット SC02）をそのまま塗ったのではスケール的に暗すぎてディテールが沈んでしまう気がしたので、少しホワイトを加えて明るめに調色しています。考証的なことは殆ど行ないませんでした。唯一挙げるとすれば着艦禁止標識の赤線を5本にしたくらいでしょうか。他にも滑走制止装置の配置や、煙突付近の飛行甲板に鉄板張りの箇所がある点など、再現してみたいものはあったのですが、今回は見送りました。

　船体の工作については、まず本来開口されている部分を全て開口しました。これらは左右の船体パーツを接着する前に行ないます。船底にはキットパーツではなくタミヤの0.5mm厚プラ板を接着しました。そのまま組んだのでは乾舷が実物よりも高い印象を受けたからです。船底パーツを接着すると、接着剤によって溶けたプラスチックが再び硬化する際の収縮によって、特に船体の長いものは少なからず反りが発生してしまうものですが、0.5mm厚プラ板だとそれがほとんど発生しません。船底に初めてプラ板を使用したのですが、これは一つ発見でした。

　毎回製作の度に何か新しい事をやろうと考えているのですが、今回は船体外板の表現を全て伸ばしランナーで行なってみました。呉工廠での浮揚直後の写真を見る限りでは外板の継ぎ目に段差は見られません。かと言って継ぎ目を凸モールドで表現するというのも実物からは離れているわけですが、同社の1/700「赤城"三段甲板"」のボックスアートのようなイメージで、船体に溶接痕のラインが走っているような表現をすれば一体どんな雰囲気になるのだろうかと、かねてから興味があったので、今回試してみることにしました。結果は写真の通りですが、その評価については読者の皆さんに委ねたいと思います。やってみた感想と

しては、とにかく時間がかかります。仕上げに目の細かいスポンジヤスリで高さを調整しているのですが、全体をバランスよく整えるのがかなり難しかったです。

　船体周りと艦橋にはテトラモデルワークスのディテールアップパーツ、飛行甲板はハセガワ純正のディテールアップパーツを使用しました。今回は艦首側の格納庫にある舷外通路部分にしか使用しませんでしたが、テトラモデルワークスのエッチングにはすべての舷外通路、艦首及び艦尾甲板のエッチングが入っており、上から接着することで滑り止めの鉄甲板部やリノリウムの押さえ金具をシャープに表現できるようになっています。また、左舷にある円材置場周りの細い柱が立ち並ぶ部分のエッチングは精密感を高めるのにかなり効果的なパーツです。ハセガワ純正のディテールアップパーツを使用するのは今回で2回目です。少し調整が必要な部分もありますが修正は簡単ですので注意して組んでいけば問題ないでしょう。

　舷側の各スポンソンのブルワークは全て0.13mm厚のプラ板に置き換えました。機銃周りのブルワークはもともと他の部分よりも低いので、プラパーツのモールドを削り落としてプラ板に置き換えただけではパーツの床の厚みのため高さが出ません。機銃座のところだけは床部分を0.3mm厚のプラ板で作り直しています。煙突などにあるジャッキステーは鎌倉模型工房のエッチングパーツを使いました。支柱が4本に1本の割合で長くなってい

て、その部分を穴に差し込んで取り付けていきます。説明書ではケガキ針などで穴を開けるよう指示されていますが、極力取付けた跡を目立たせないために基板用の0.1mm径ドリルで穴を開けました。想像に難くないと思いますが、このドリルはとにかく脆くて力加減を少しでも誤るとすぐに折れてしまいます。以前は径の異なる10本セットでしか見かけませんでしたが、最近では0.1mm径のみの10本セットも出回るようになったので、あまりリスクを気にせずに購入できるようになりました。某大手ネット通販で千円未満で購入できます。

　飛行甲板の遮風柵や隠顕式探照灯の蓋、エレベーターなどはモールドのままマスキングで塗付けました。このキットの良好なポイントの一つで、メリハリの利いたモールドでエッチングパーツに置き換えなくとも、スミ入れするだけで充分な精密感が出ます。木甲板部分は0.4mm幅のマスキングテープを使用して、8色のカラーで塗り分けました。ウェザリングはMr.ウェザリングカラーで施しています。

　最後に。当初は弾片防御用のマントレットなどを装着し、多数の艦上機を搭載させ、細部の光学機器類なども製作したいと思っていました。ですが、赤城は日本空母キットの中でも最も製作に手間がかかる艦の一つです。製作時間内にやりたい事のすべてを取り入れることはできませんでした。「本気で作り込もうと思えば1000時間はかけられる。」赤城はそれだけの要素を持った存在だと思っています。「いつか自分なりの100パーセント赤城を完成させたい。」作り終えてすぐにそう感じました。

HASEGAWA 1/700
IJN AIRCRAFT CAREER AKAGI

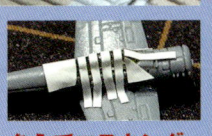

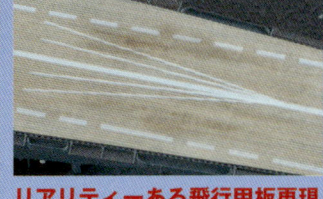

あえてマスキング塗装にこだわる

まさに日本空母ファン待望の艦載機パーツといえるカジカの『日本海軍艦載機セット1』。完成度は極めて高い。そのポテンシャルを活かし切るために風防のフレームをハセガワのフィニッシュシートを使って塗分けた

リアリティーある飛行甲板再現のためのウェザリング

ベース塗装として調色した8色を使用し、自作の塗分け用ガイドで板一枚15mmとして3分の1ずつずらして塗分けた後、Mr.ウェザリングカラーのサンディウォッシュ、グレイッシュブラウン、グランドブラウンでウェザリングを施した。どの部分が汚れ、どの部分が色褪せているかは、ハワイに進撃中の上空写真を参考とした

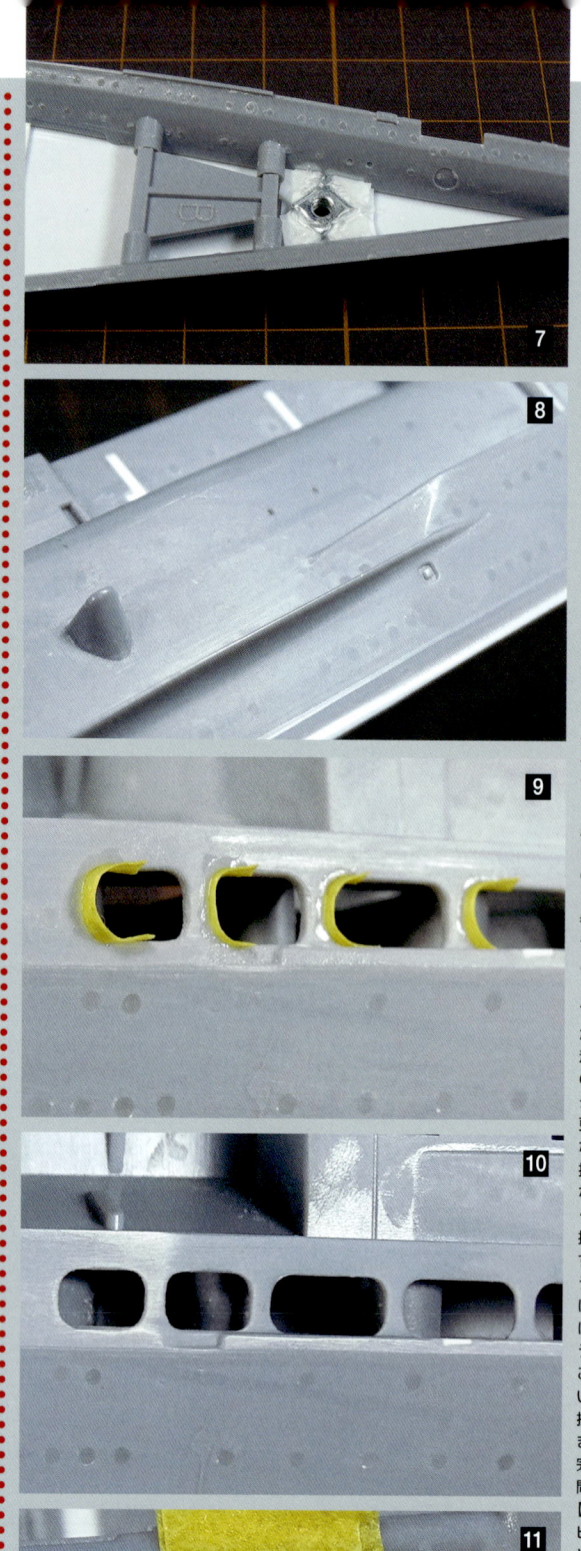

【写真1】煙突の近くにある缶室給気口は凹モールドのみの表現となっているので裏側から彫刻刀やタガネなどで自然に破れるぐらいになるまで削り込んでいき、開口しました。この作業は左右の船体パーツを貼り合わせたあとでは出来なくなってしまうので、その前に行ないます。丸窓は一旦すべてドリルで大きく開口しました。これはモールドにドリルを当てて彫り込んだだけでは縁の丸みが残ってしまい、シャープな陰影が得られないからです。もっとも、モールドの径が開口するドリル（0.5mm径）より小さく、ドリルを当てることによって縁の丸まった部分が削り取られるのであればこの処理は必要ありません。また、見た目にはわかりにくいですが、ほとんどの場合丸窓の庇のモールドの周囲には少なからずヒケが発生していますので、これを修正するという目的もあります。ここでは0.8mm径以上のドリルで開口していますが、それはもし0.1mmだけ大きい0.6mm径だと、0.5mm径のドリルで穴を開け直すときに、ドリルの刃に接着した伸ばしランナーが持っていかれて、剥がれてしまい、縁がかけたようになってしまう可能性が高いからです。塵芥投棄筒や係船桁など、表面の修正に邪魔になるモールドは全て削り落としました。舷外通路もプラ板に置き換えるために削り落としています。

【写真2】舷窓を埋め戻すために作成した伸ばしたランナーです。ちなみに伸ばしランナーの作成には百円ショップで売られてるライターを使用しています。伸ばしランナーは中央が太くなったランナーが出来るように伸ばせればベストです。そうすれば一度の伸ばしランナーの作成で4箇所の穴を塞ぐことができ、更に穴の径を場所によって0.8、0.9mmと変えれば8箇所の穴をふさぐことができます。ただし、たぶん1万回以上は伸ばしランナーを作成している筆者でも、毎回うまく伸ばせることはありません。ランナーもメーカーによって伸ばしやすいものとそうでないものがあります。

【写真3】伸ばしランナーで埋め戻した状態です。赤城は窓の数が多いのでかなり時間がかかります。一日ではとても終わりません。接着する時は、伸ばしランナーの先端にタミヤの流し込みタイプの接着剤（速乾ではない通常タイプ）を付け、穴に軽く差し込んだあと、更に隙間に接着剤を流し込み、表面を溶かしながらランナーをねじ込むように押し込んで接着しています。クレオスのセメントSのような速乾性の接着剤を使用したほうが作業は早く出来ますが、経験上、速乾性の接着剤では接着面の結合力が弱く、ドリルで穴を開け直す際に接着部が剥がれてきて縁がかけてしまうことが多かったためにこの方法をとるようになりました。また、速乾性の接着剤を隙間に流し込みながら伸ばしランナーを差し込もうとすると途中で折れてしまうことがあったことも理由の一つです。完全に固まりきらないうちに表面を均してしまうと、後になって接着部分が円形のヒケとなって表れてきてしまうため、最低でも一晩は放置して接着部を完全に硬化させます。小さな隙間やキズは瞬間接着剤で埋めて耐水ペーパーで均します。

【写真4】スポンソンの支柱パーツやボートダビットのパーツを取り付けるダボ穴もプラ板やプラ棒で埋め戻しました。プラ材で埋めたのはスポンソンの支柱をプラ用接着剤で接着するためです。ボートダビットの部分はエッチングパーツ（テトラモデルワークスのディテールアップパーツ）を取り付けるために隙間を開けました。

【写真5】キットの船底パーツを取り付けると乾舷が実物より高く見えるように感じたので、船底はタミヤの0.5mm厚プラ板で作成しました。キットの船底パーツをガイドに切り出しています。船底パーツを接着すると接着剤により溶けたプラが再び硬化して収縮する際に船体が船底パーツに引っ張られて少なからず反りが発生してしまうものですが、船底を薄いプラ板に置き換えることによって、その影響を最小限に抑えることができました。これは予想外のことで、思わぬ収穫でした。バラストプレートは強力タイプの両面テープを使用して取り付けています。

【写真6】船底をプラ板に置き換えたことによりバラストプレートが補強桁パーツと干渉するようになってしまったため、該当部分（写真中央）を削り落としとしました。

【写真7】展示用ベースに作品を固定するための板ナット（3mm径）を仕込んでいるところ

で、タミヤの1mm厚プラ板とゼリー状瞬間接着剤で固定しています。ゼリー状瞬間接着剤はそれなりに量を使うため、単に放置しておいたのでは硬化しきるまでかなり時間がかかってしまいます。そこで、硬化スプレーを吹き付けたティッシュペーパーに近づけて置いておくことで硬化時間を短縮しています。

【写真8】モールドを削り落とし、丸窓やダボ穴の埋め戻しを行い、表面を均し終えたところです。耐水ペーパーを掛けただけでは表面がツヤ消しで微妙な凹凸がわかりづらいので、コンパウンドも併用し、表面にツヤが出た状態で照明を当てて細かなキズやヒケを確認しながら均していきます。

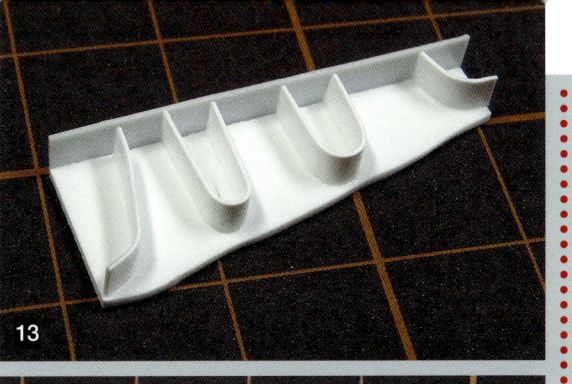
13

【写真9、10】缶室給気口の開口部はそのままでは縁が丸まっているのでこれをシャープに修正します。まず縁に沿ってマスキングテープを貼ります。次にマスキングテープと縁の間にできる隙間に瞬間接着剤（通常タイプ）を流し込みます。前述の瞬着硬化スプレーを吹き付けたティッシュペーパーを利用すると手早く硬化させることができます。瞬間接着剤が硬化したらマスキングテープを剥がします。粘着剤が縁に残りますが、筆者はこれをMr.リターダーをしみ込ませた綿棒で取り除いています。テープ剥がし剤が良いのではと思うかもしれませんが、過去に一度使ってみたところ、プラパーツの表面が荒れてしまったことがあったので現在は使っていません。プラスチックを侵さないタイプのものもたぶんあると思います。粘着剤を取り除いた部分は表面が荒れているので、小さく丸めた耐水ペーパーで表面を整えます。最後にバリのように表面に張り出した瞬間接着剤を耐水ペーパーで削り落として修正完了です。耐水ペーパーはプラ板に貼り付けて使っています。

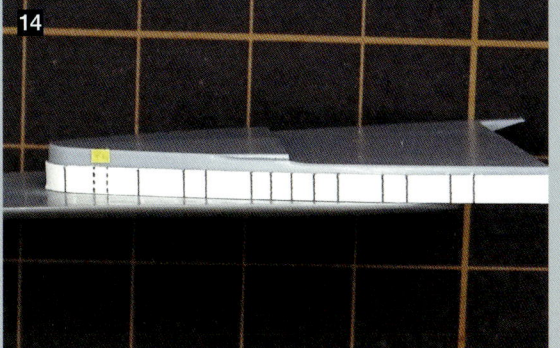
14

【写真11】四角いダクト部分は開口して内部を作り込みました。表面を均す際に削り落とした縁のモールドは、カッターの刃で削りで断面を半円形に加工した伸ばしランナーを使って再生しました。伸ばしランナーの継ぎ目は瞬間接着剤で修正しています。写真上は瞬間接着剤が周りに付着しないようにマスキングテープを貼っているところで、下は継ぎ目の修正を終えた状態です。

15

【写真12】格子状の桟をプラ板で作成し、内側からエッチングメッシュ（ハセガワのモデリングメッシュ正方形0.32×0.32）を接着しました。エッチングメッシュの裏側にはフラットブラックで塗装したプラ板を取り付けています。

【写真13】プラ板で作成した缶室給気口内部です。完成後はほとんど見えなくなる部分なので、簡単な形状にとどめています。

【写真14】艦首甲板パーツの後ろ側の部分には本来窓があるのですが、格納庫の下にほとんど隠れてしまうということもあり、キットでは省略されています。この部分の窓を1/350キットから位置を写し取って再現しました。写真はパソコンで作成した窓位置用のガイドを貼り付けているところです。

16

【写真15】船体外鈑の継ぎ目は伸ばしランナーで表現しましたが、その下準備としてダイモテープで船体にスジを彫ったところです。ラインは1/350キットを参考にしています。

【写真16】縦方向の外鈑継ぎ目には伸ばしランナーを平たく加工したものを使用しました。写真はその加工をしているところです。金属板に伸ばしランナーを置き（端部をマスキングテープで固定）、上から金属棒を転がすことで加工しています。

【写真17】加工した伸ばしランナーです。向こう側が少し透けて見えているのが分かると思います。

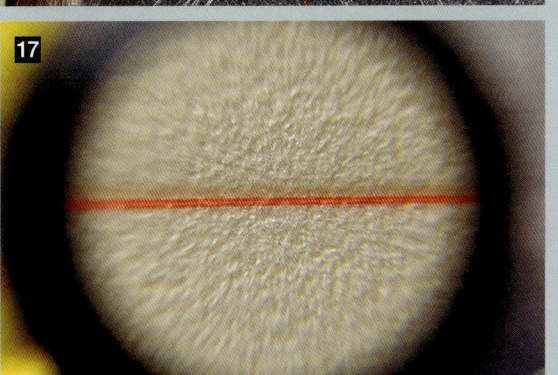
17

【写真18】伸ばしランナーでの外鈑表現が完了したところです。伸ばしランナーは貼り付けたあとにスポンジやすり（800番相当）を当てて高さをそろえました。溶接痕をイメージして仕上げました。

【写真19】舷窓は、高さをそろえるためにマスキングテープを貼り、自作の錐で当たりを付けてから0.5mm径（一部の小さいものは0.4mm径）のドリルで開口しました。

【写真20】舷窓の庇は伸ばしランナーで作成。舷外電路はプラ板で作成しました。

【写真21】左舷艦首側の隠顕式探照灯の格納部分があるスペースは、舷側が開放されているのですが、キットでは凹モールドのみの表現となっているので、開口してから1/350キットを参考に内部を作り込みました。

【写真22】艦首側格納庫上段にある舷外通路に

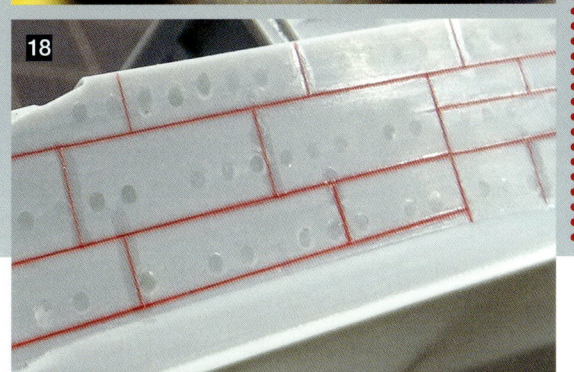
18

19

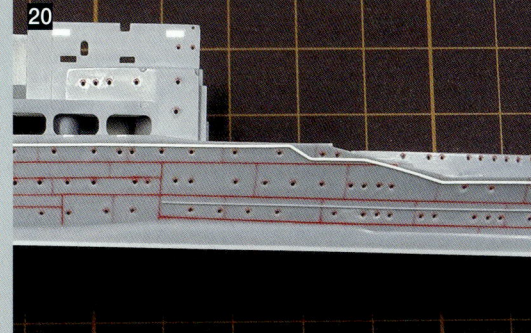
20

21

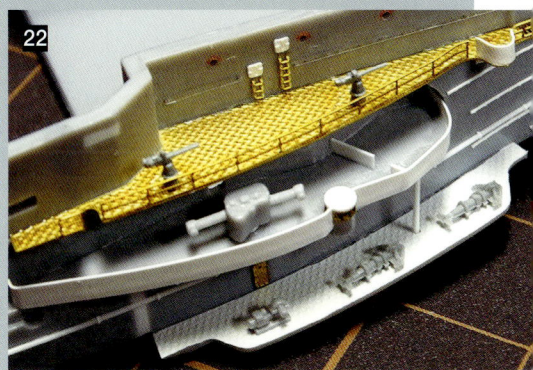
22

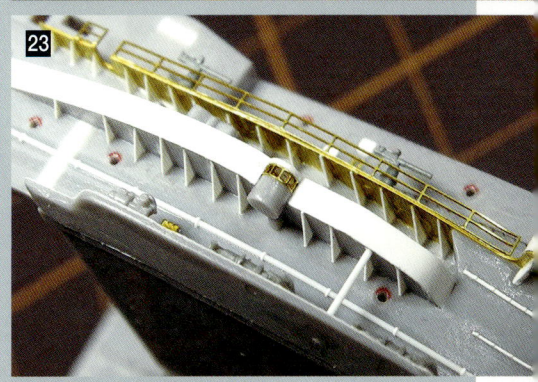
23

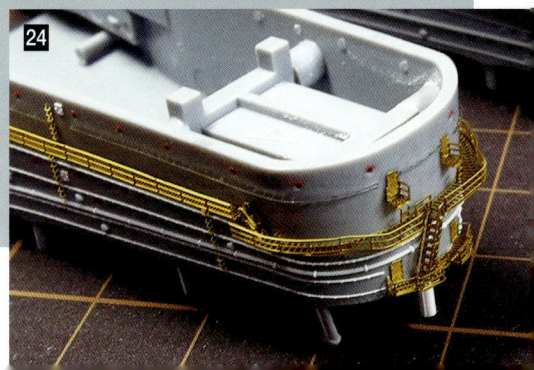
24

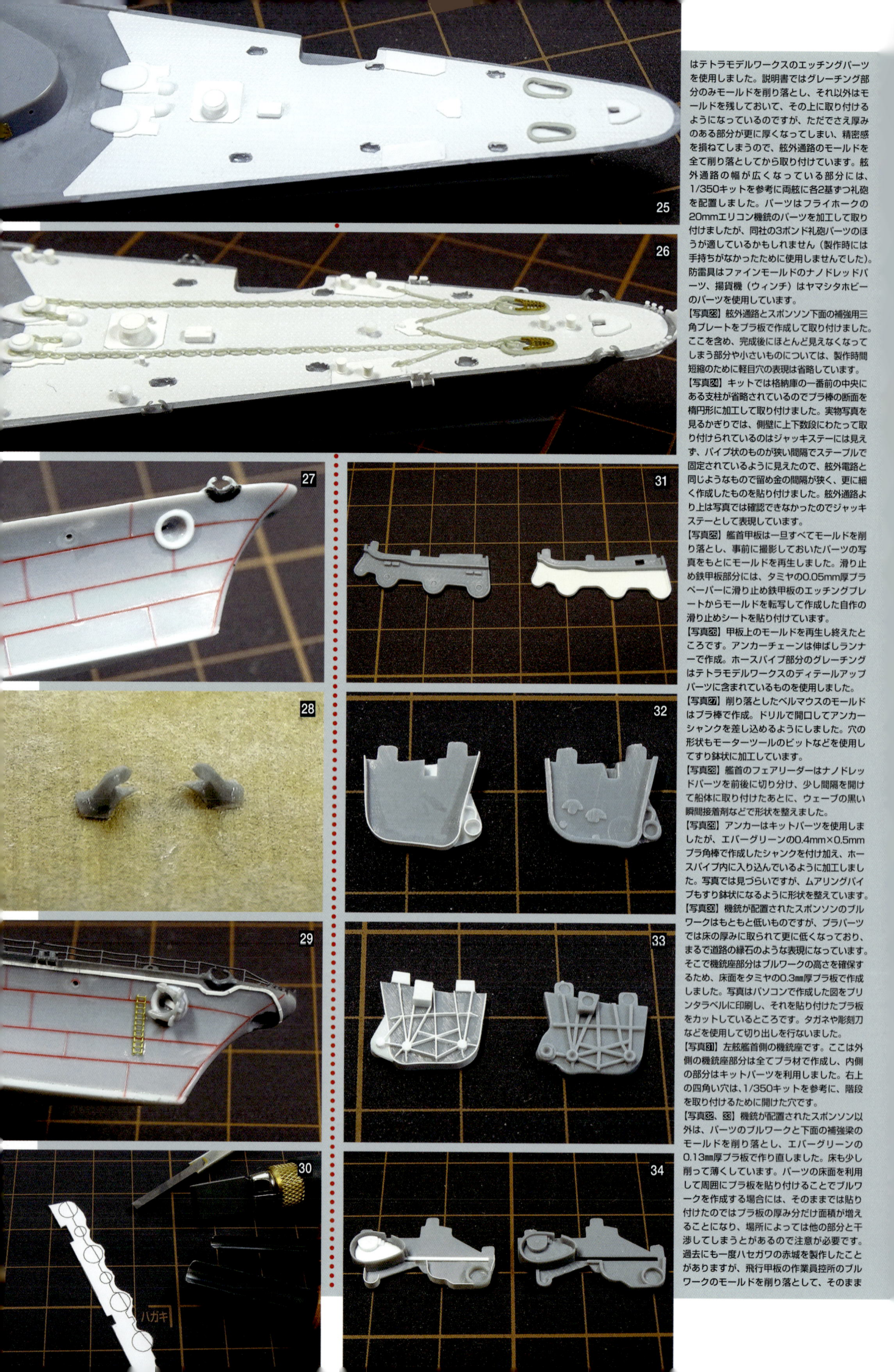

はテトラモデルワークスのエッチングパーツを使用しました。説明書ではグレーチング部分のみモールドを削り落とし、それ以外はモールドを残しておいて、その上に取り付けるようになっているのですが、ただでさえ厚みのある部分が更に厚くなってしまい、精密感を損ねてしまうので、舷外通路のモールドを全て削り落としてから取り付けています。舷外通路の幅が広くなっている部分には、1/350キットを参考に両舷に各2基ずつ礼砲を配置しました。パーツはフライホークの20mmエリコン機銃のパーツを加工して取り付けましたが、同社の3ボンド礼砲パーツのほうが適しているかもしれません（製作時には手持ちがなかったために使用しませんでした）。防雷具はファインモールドのナノドレッドパーツ、揚貨機（ウィンチ）はヤマシタホビーのパーツを使用しています。

【写真25】舷外通路とスポンソン下面の補強用三角プレートをプラ板で作成して取り付けました。ここを含め、完成後にほとんど見えなくなってしまう部分や小さいものについては、製作時間短縮のために軽目穴の表現は省略しています。

【写真26】キットでは格納庫の一番前の中央にある支柱が省略されているのでプラ棒の断面を楕円形に加工して取り付けました。実物写真を見るかぎりでは、側壁に上下数段にわたって取り付けられているのはジャッキステーには見えず、パイプ状のものが狭い間隔でステーブルで固定されているように見えたので、舷外電路と同じようなもので留め金の間隔が狭く、更に細く作成したものを貼り付けました。舷外通路より上は写真では確認できなかったのでジャッキステーとして表現しています。

【写真31】艦首甲板は一旦すべてモールドを削り落とし、事前に撮影しておいたパーツの写真をもとにモールドを再生しました。滑り止め鉄甲板部分には、タミヤの0.05mm厚プラペーパーに滑り止め鉄甲板のエッチングプレートからモールドを転写して作成した自作の滑り止めシートを貼り付けています。

【写真32】甲板上のモールドを再生し終えたところです。アンカーチェーンは伸ばしランナーで作成。ホースパイプ部分のグレーチングはテトラモデルワークスのディテールアップパーツに含まれているものを使用しました。

【写真27】削り落としたベルマウスのモールドはプラ棒で作成。ドリルで開口してアンカーシャンクを差し込めるようにしました。穴の形状もモーターツールのビットなどを使用してすり鉢状に加工しています。

【写真28】艦首のフェアリーダーはナノドレッドパーツを前後に切り分け、少し間隔を開けて船体に取り付けたあとに、ウェーブの黒い瞬間接着剤などで形状を整えました。

【写真29】アンカーはキットパーツを使用しましたが、エバーグリーンの0.4mm×0.5mmプラ角棒で作成したシャンクを付け加え、ホースパイプ内に入り込んでいるように加工しました。写真では見づらいですが、ムアリングパイプもすり鉢状になるように形状を整えています。

【写真30】機銃が配置されたスポンソンのブルワークはもともと低いものですが、プラパーツでは床の厚みに取られて更に低くなっており、まるで道路の縁石のような表現になっています。そこで機銃座部分はブルワークの高さを確保するため、床面をタミヤの0.3mm厚プラ板で作成しました。写真はパソコンで作成した図をプリンタラベルに印刷し、それを貼り付けたプラ板をカットしているところです。タガネや彫刻刀などを使用して切り出しを行ないました。

【写真33】左舷艦首側の機銃座です。ここは外側の機銃座部分は全てプラ材で作成し、内側の部分はキットパーツを利用しました。右上の四角い穴は、1/350キットを参考に、階段を取り付けるために開けた穴です。

【写真32、33】機銃が配置されたスポンソン以外は、パーツのブルワークと下面の補強梁のモールドを削り落とし、エバーグリーンの0.13mm厚プラ板で作り直しました。床も少し削って薄くしています。パーツの床面を利用して周囲にプラ板を貼り付けることでブルワークを作成する場合には、そのままでは貼り付けたのではプラ板の厚み分だけ面積が増えることになり、場所によっては他の部分と干渉してしまうとがあるので注意が必要です。過去にも一度ハセガワの赤城を製作したことがありますが、飛行甲板の作業員控所のブルワークのモールドを削り落として、そのまま

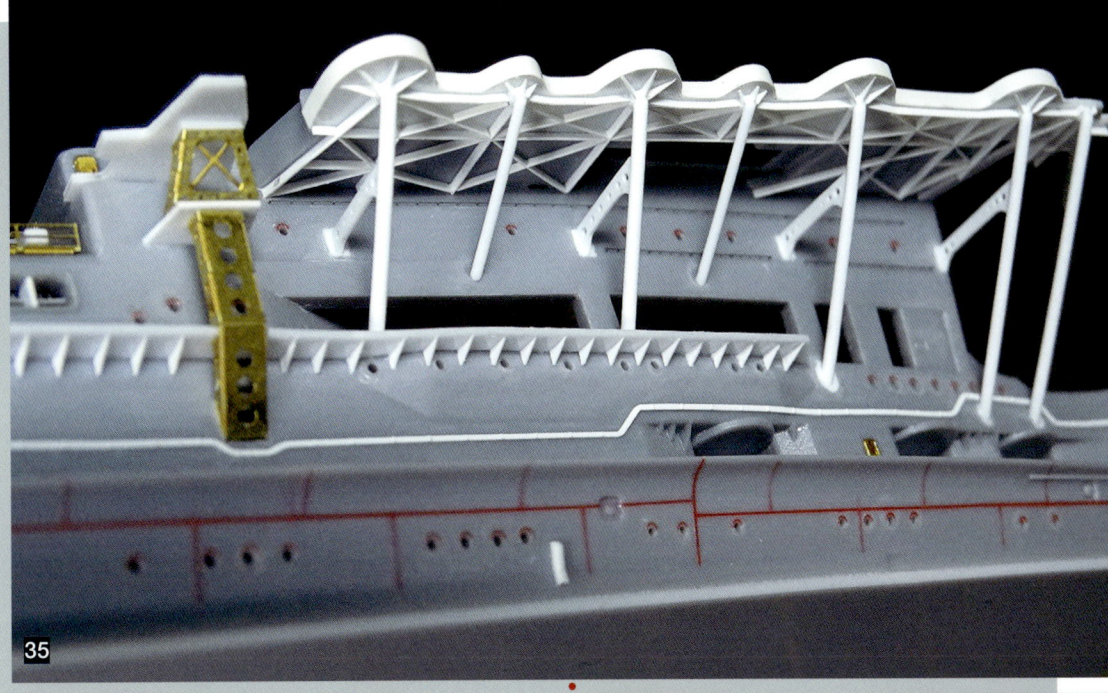

周囲にプラ板を貼り付けたところ、純正ディテールアップパーツの人員救助網のエッチングパーツが干渉して取り付けることができなくなってしまったことがありました。

【写真③】写真のパーツの場合では卵型のアウトラインのブルワーク部分をプラ板に置き換えるとなるとかなりの手間がかかります。そこで床部分をくりぬき、内側からブルワークを削って薄くしたあとに、再びプラ板で床を塞ぐ方法で処置しました。パーツ右側にあるスリットは細い柱が並んでいる部分のパーツを差し込むところです。ここにはテトラモデルワークスのエッチングパーツを使用しましたが、そのままでは大きな隙間が空いてしまうので、エッチングパーツの厚み分だけ残してプラ板で塞ぎました。

【写真③】スポンソンの支柱はプラ棒で作成しました。キットパーツの支柱では、パーティングラインを修正する際にどうしても断面の円形が崩れてしまいます。プラ棒の切断は、支柱を取り付ける壁面が垂直で、なおかつ船体の中心線と並行であれば、高さと奥行きを合わせるだけなのでさほど難しくはないのですが、そのようなケースはあまり多くありません。ほとんどの場合、プラ棒を切断したあとに現物合わせの調整が必要となります。テトラモデルワークスのディテールアップパーツには舷外通路のエッチングが含まれていて、簡単にリノリウム押さえを再現できるようになっています。今回は使用しませんでしが、プラ板から舷外通路を切り出すためのガイドとして利用しました。

【写真③】高角砲台座の下面にある補強用の三角プレートもプラ板で作成しました。実物の写真でも確認でき、完成後も目に見える部分なので、この部分については軽目穴でも表現しています。右舷艦首側の起倒式無線檣が配置されたフラットの支持構造は抜けた状態でプラ板で作り直しましたが、実際には違うかもしれません。

【写真③】赤城の特徴ともいえる煙突のジャッキステーは鎌倉模型工房の「1/700艦船模型用精密ジャッキステー」を使って再現しました。取り付けには少々手間はかかりますが、リアルなサイズで精密感を高めてくれます。梯子は本来煙突の根元から伸びているのですが、船体側との干渉を避けるために外側の見えている部分にだけエッチングの梯子を取り付けました。先端の黒塗装はこの時点で行ないました。マスキングはジャッキステーの間をアイズプロジェクトの細切りマスキングテープでぐるぐる巻きにすることで、後から軍艦色で塗装したときに塗料が入り込まないようにしています。

【写真③】煙突の支持構造を三段甲板時代の写真を参考に作成しました。煙突先端部分を支えるステーは船体塗装後に取り付けています。船体を均す際に削り落とした配管のモールドはプラ棒で再生しました。

【写真③】テトラモデルワークスのディテールアップパーツに含まれる円材格納所に立ち並ぶ細い柱のエッチングは精密感を高めるのに効果的です。この部分のスポンソンとエッチングパーツは、舷外通路のリノリウム塗装とマスキングを行なってから取り付けました。内側に見える階段は1/350キットを参考に取り付けています。

【写真④】起倒式無線檣のフラット上には、後から無線檣のエッチングパーツを挟み込めるようにプラ材で構造物を作成しました。

【写真④】副砲にはアドラーズネストの金属砲身を使用しましたが、パーツ側の防水キャンバス部分が長いので、短く加工してから取り付けました。

【写真④】艦尾短艇甲板のリノリウム押えはゴールドに塗装した伸ばしランナーで表現しました。単にゴールドで塗装しただけでは甲板に接着する時に接着剤に溶けだして顔料が周囲に散ってしまうので、そうならないようにクリアーでコーティングしています。リノリウム色を塗装した後でもリノリウム押さえの取り付け位置がわかるように、モールドを削り落としたあとにケガキ針でスジを入れています。艦載艇は、真珠湾攻撃時には不要の艇は降ろして出撃したということで、短艇甲板上で撮った写真にも写っていなかったので載せませんでした。

【写真④】船体のディテールアップをほぼ終えた状態です。艦首部は組み立てた後ではリノリウム部分の塗分けができなくなるので、先に塗装しながら組み立てました。キットは艦首側の格納庫パーツと船体パーツの合わせ目

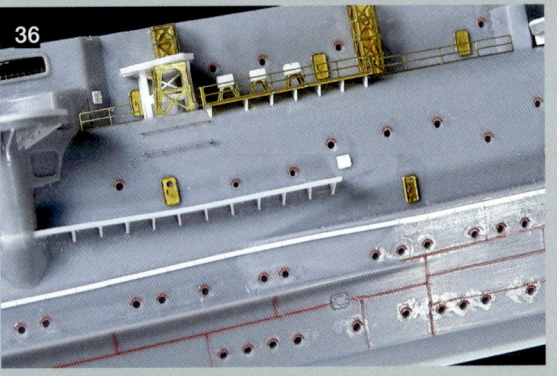

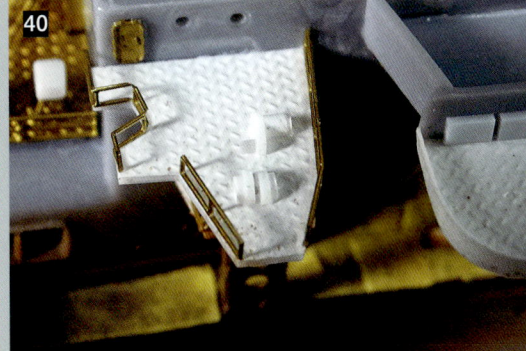

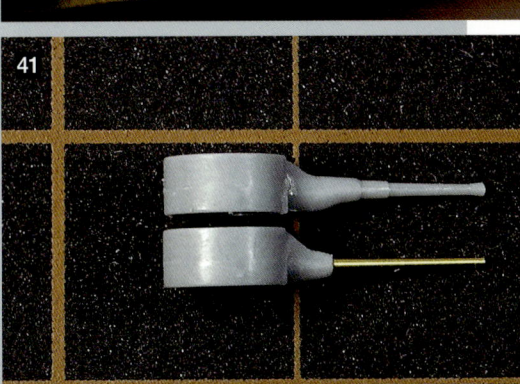

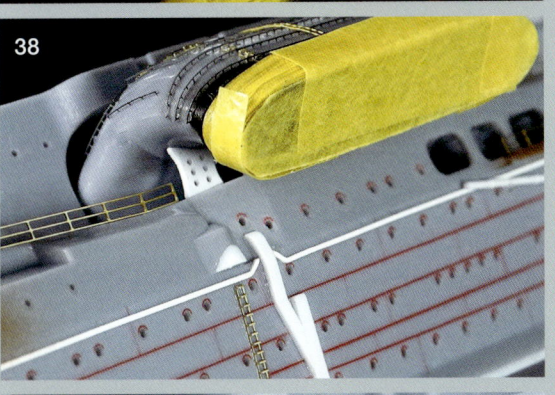

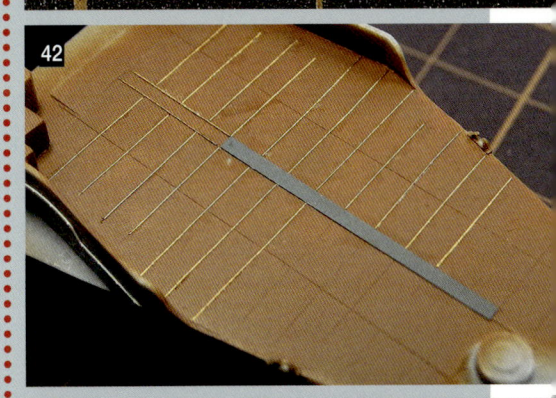

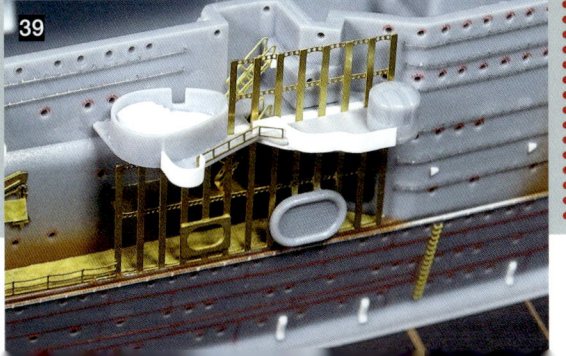

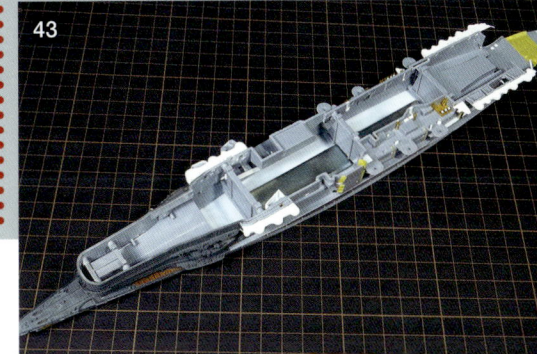

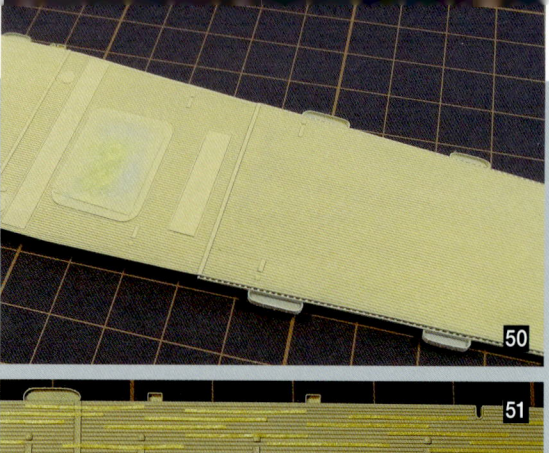

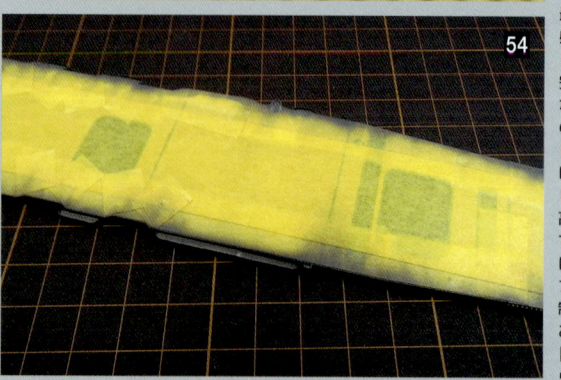

に段差ができやすいので、両側から押さえ込んで段差が無い状態に保持し、内側から瞬間接着剤でガッチリ固定することで時間が経ってもズレないように処理しました。なおパーツの合わせ目は、右舷側はスポンソンの陰に隠れ、左舷側も実物の画像を見るとちょうど上下に配管が走っており、プラ棒を貼ることで隠すことができるので、合わせ目消しはそんなに神経質になる必要はないかもしれません。左舷側の高角砲台座周りと舷外通路の手すりは、リノリウム部分を塗装して、マスキングを行なってから取り付けました。

【写真44】飛行甲板の排水溝モールドを削り落としたところです。作業員控室と重なっている部分はスジボリ堂のBMCダンモ（段落ち幅0.5mm、0.8mm）を使って削り落としました。数年前に空母飛行甲板の排水溝モールドを削り落とすのにきっと役立つはずと思い購入したものですが、今回の赤城の製作で初めて使用しました。

【写真45】排水溝はエバーグリーンの0.13mm厚と0.26mm厚のプラ板で作成しました。作り方は基本的に舷外電路と変わりません。

【写真46】プラ板で作成した排水溝のパーツを接着したところです。このままだと底が抜けた状態になっています。

【写真47】裏側から細切りした0.13mm厚プラ板で排水溝の底の部分を塞ぎました。

【写真48】作業員控室のブルワークと排水溝の作成を終えたところです。

【写真49】木甲板の塗装に入る前に軍艦色部分を塗装してマスキングしているところです。写真にはありませんが、このあとに白黒のみで調色したグレースケールカラーで塗装して、木甲板の塗装に入りました。これはパーツ成型色には少なからず青色の成分が入っており、木甲板色がその影響を受けないようにするためです。飛行甲板は何度もマスキング塗装を行ないますので、塗装剥がれ防止のために、塗装を行なう前にMr.メタルプライマー（メタルプライマー改ではなく旧製品。※現在は廃版になっています。）を塗っています。

【写真50】ベースとなる木甲板色を塗装したところです。赤城では木甲板用に作成した8色のカラーを使用しました。調色はタン、ウッドブラウン、ブラック、ホワイトの4色のみで行なっています。以前はダークイエローなどを混ぜたりすることもありましたが、実物の木甲板の画像から、画像編集ソフトを使って色を抽出してみると、プラカラーのタンとウッドブラウンというのは極めて実物に則した色であることが分かりました。色相はこの二色の範囲内で、筆者なりに、あとは明度と彩度を変化させればリアルな木甲板の塗装ができるとの結論に至りました。先に塗装する色ほど占める割合が大きくなるので、塗る順番で全体の明度をコントロールすることができます。今回は明るい色を先に塗って明度を高めに仕上げました。

【写真51】アイズプロジェクトの0.4mm幅マスキングを使用してランダムに貼り付けて塗り分けているところです。マスキングテープの長さは15mmで5mm（三分の一）ずつずらして貼り付けています。根気のいる作業ですが、最後にマスキングテープをはがした時の達成感はクセになります。

【写真52】木甲板の塗分けを終えたところです。完成画像では板一枚一枚の色の差は感じられないと思いますが、この段階では板ごとの色の差がわかると思います。

【写真53】凸モールドになっている軍艦色部分は先に塗装してマスキングしておくことが難しいので木甲板塗装後に塗分けました。4.5m高角測距儀を取り付ける部分はカーブを描いていて、通常のマスキングテープではキレイに塗り分けることが難しいので、ハセガワのフィニッシュシートを使用しています。着艦制動装置部分も凸モールドになっているのでこの段階で塗装しました。

【写真54】凸モールド部分の塗分けが終わったら上面をマスキングで覆い、緑の部分と作業員控所を塗装します。裏面はエッチングの取り付けがあるので、この時点ではまだ塗装は行いません。

【写真55】木甲板部と軍艦色部分の塗分けを終えた状態です。

【写真56】飛行甲板にスミ入れを施しているところです。

【写真57】赤城の飛行甲板の写真を見ると、艦首尾方向の板と板の間にコーキング処理を施してあるのが確認できます。それを表現する

ためにスミ入れする塗料（エナメル系）はい
つもより濃く暗い色で調色しました。また、
いつもならばエナメル系塗料用の溶剤で拭き
取るところを、板とスミ入れした部分をくっ
きりさせるためにMr.ウェザリングカラー用の
薄め液で拭き取っています。このあと白線と
後端の着艦禁止標識の紅白線の塗装を行ない、
Mr.ウェザリングカラー（サンディウォッシュ、
グレイッシュブラウン、グランドブラウン、
マルチブラック）でウェザリングを施してか
ら、再び飛行甲板全面をマスキングして、裏
側のエッチング取付け作業に入りました。滑走
制止装置のエッチングパーツと着艦制動索（伸
ばしランナー）は飛行甲板と船体を組み合わ
せた後に取り付けています。

56

【写真56】飛行甲板裏側のトラス構造の表現に
はハセガワ純正のディテールアップパーツを
使用。弱粘着の両面テープを貼り付けたアク
リル板の上で、パートごとにある程度組み立
ててから甲板パーツに取り付けていきました。
【写真57】純正ディテールアップパーツには専
用の飛行甲板パーツが用意されており、裏面
にはエッチングの取り付けガイドとなる溝が
ついています。写真は、タミヤのリモネン系
とスチロール樹脂系（白フタ）の混合接着剤
をエッチングに少量付け、溝に合わせてのせ、
位置調整したあとにクレオスのセメントＳＰ
で仮固定を行なっているところです。セメン
トＳＰを流し込むときはエッチングパーツを
上から少し押さえつけるようにして、飛行甲
板パーツと接する部分が少しめり込むように
しています。少し間をおいて、セメントＳＰ
で溶けたプラがしっかり固まったら瞬間接着
剤で本固定を行ないます。

57

2

【写真58】艦首側のトラスのエッチングを取り
付けたところです。艦首側の支柱上部から飛
行甲板の裏側に向かって斜めに伸びる梁は
1/350キットでは純正エッチングパーツが用
意されていますが、1/700キットには無いの
で0.13mm厚のプラ板で自作しました。
【写真59】艦尾側のエッチングを取り付けたと
ころです。支柱のエッチングパーツにはダボ
穴に差し込むためのツメがあるのですが、短
艇甲板側のダボ穴は甲板面を整えるために全
て埋め戻したのでツメは切り落としました。
支柱はこういったケースの場合、あとから艦
尾甲板側に接着する時に微調整が出来るよう
に飛行甲板側との接着にはゴム系接着剤を使
うのが通例ですが、この赤城の製作では初め
に少量の瞬間接着剤で支柱の内側のみを飛行
甲板側に固定し、船体と飛行甲板を仮組みを
して位置が決まったところで瞬間接着剤を周
りに流し込んで本固定しました。このエリア
を組み立てる際に忘れがちなのが、隠顕式探
照灯の格納部に探照灯パーツを取り付けるこ
とです。エッチングパーツの説明書には書か
れていないので、忘れずに取り付けましょう。
【写真60】舵柄信号中の中立状態を示す白線は軍
艦色を塗装する前に白で塗装してマスキング
しておくことで塗り分けました。キットの説
明書では柱の四面全てに白線のデカールを貼
るようになっていますが、実際に白線が引か
れているのは、外側の面と後面だけです。三
角トラスのデリックは三段甲板赤城用のエッ
チングパーツを使用しています。

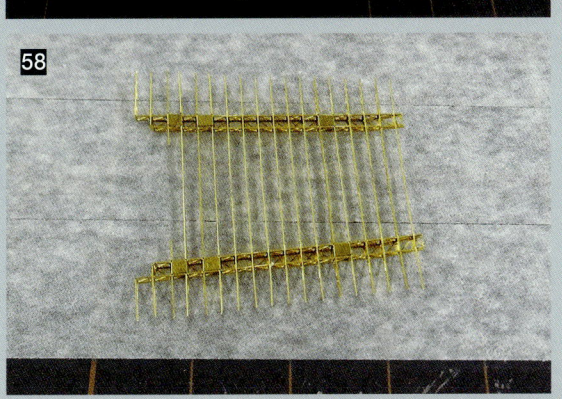
58

59

【写真60】マストは真鍮線で作成しました。足
掛けロープにはイヤホンのコードを分解して
取り出した銅線を使用しています。上部に張
られたヤード保持用のワイヤーはモデルカス
テンのメタルリギングを使用しました。信号
旗索の滑車はプラ板で作成しています。完成
後に気づいたことですが、実物のヤードは、
主柱の後ろ寄りに取り付けられています。
【写真61】透明プラ板を当てながらマスト取り
付け位置にドリルで浅く穴を開けているとこ
ろです。この透明プラ板をガイドとしてマス
トを作成しました。

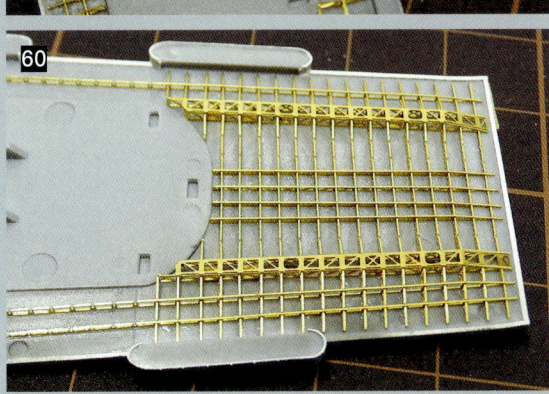
60

【写真62】高角砲はプラ材で簡単にディテール
を追加し、砲身はアドラーズネストの金属砲
身に置き換えました。
【写真63】艦橋も船体と同様に丸窓を伸ばしラ
ンナーで一旦全て埋め戻してからドリルで彫り
直しました。各フラット取付位置の溝は、取り
付けるプラ板の厚さに合わせて狭くしました。
【写真64】防空指揮所のブルワークは上に行く
にしたがって広がっているため、簡単にプラ
板に置き換えることは難しいので、パーツの
状態から整形することにしました。面積の小
さい状の平面を整える場合は、目の細かい耐水ペ

61

62

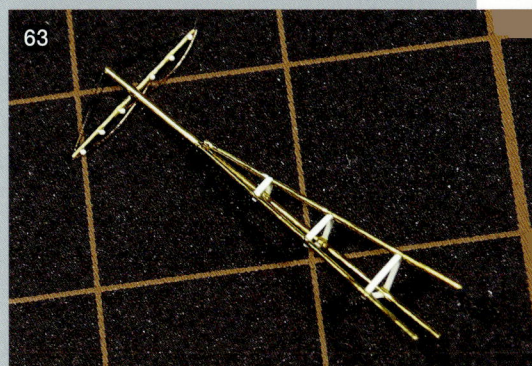
63

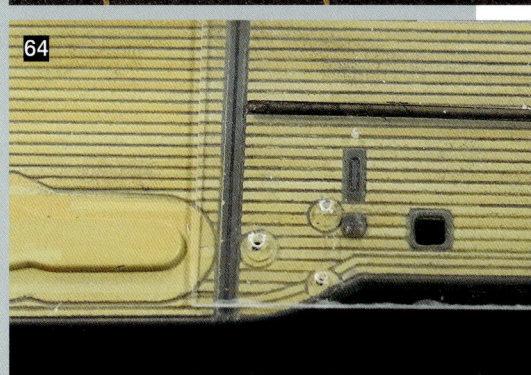
64

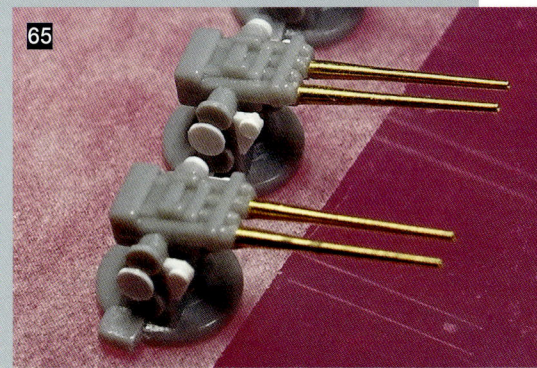
65

66

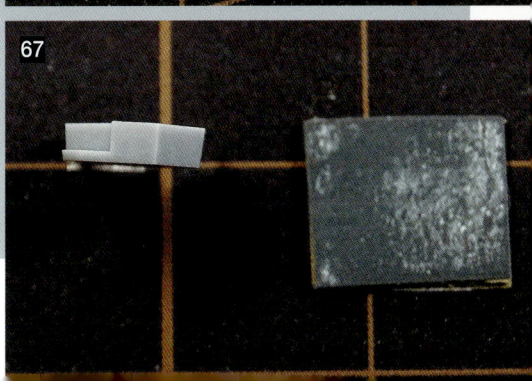
67

68

69

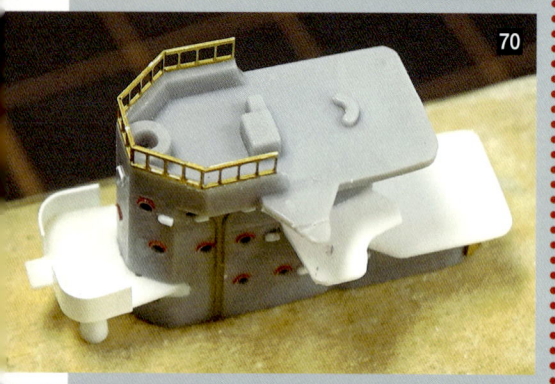

70

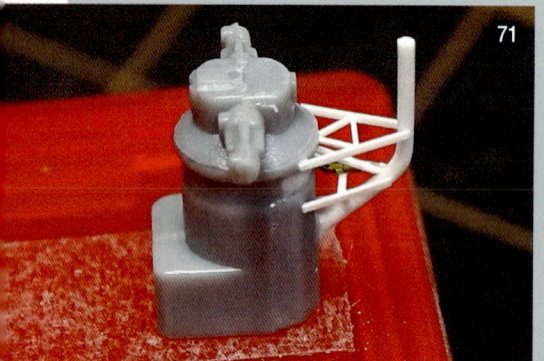

71

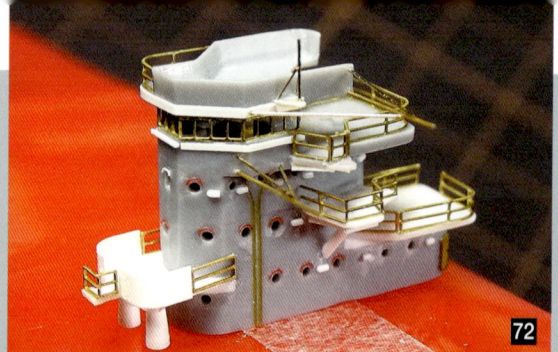

72

73

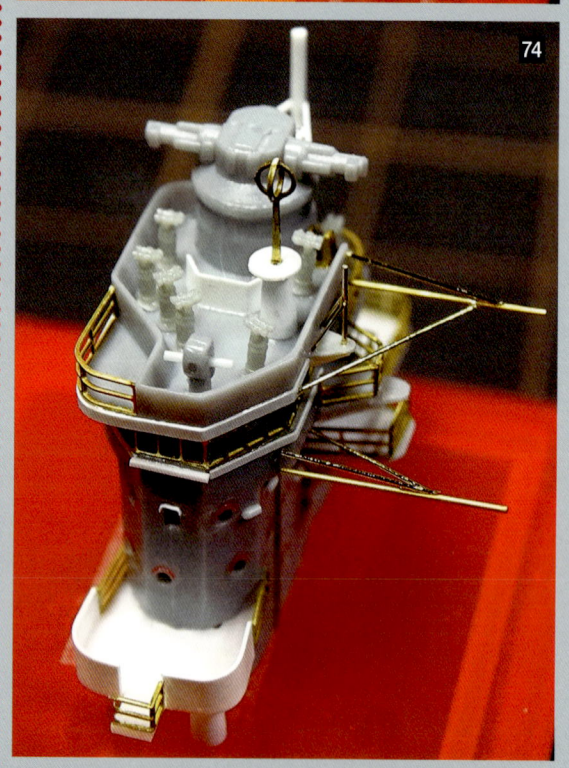

74

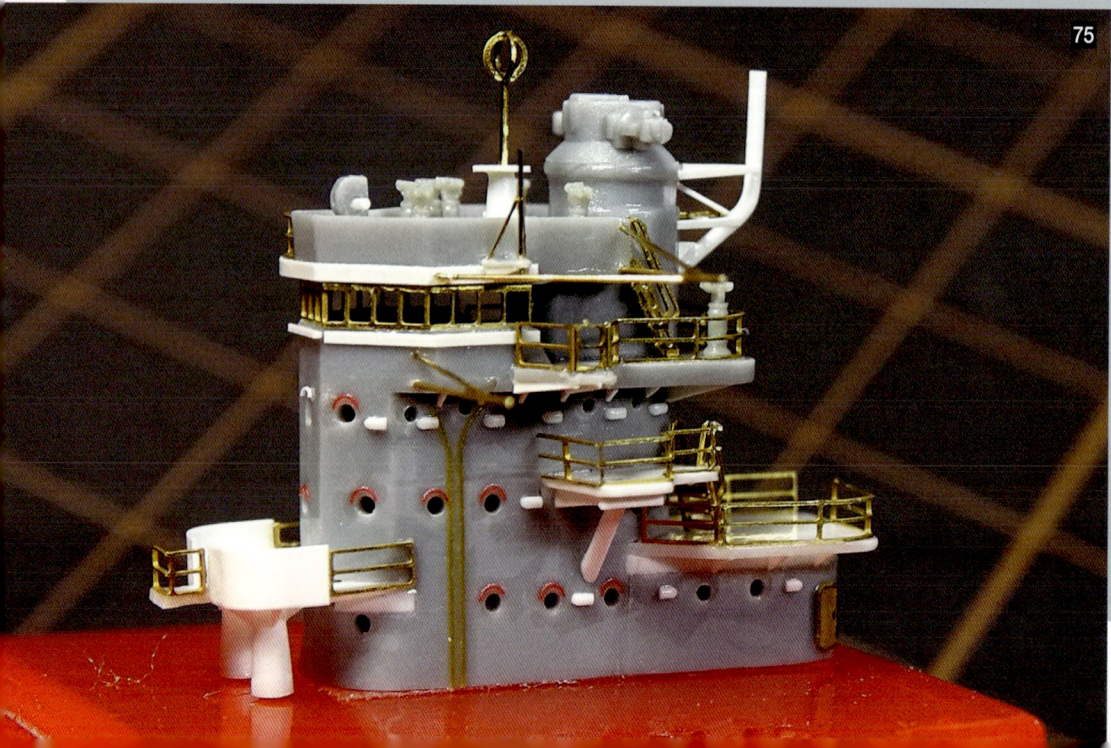

75

ーパーを貼り付けた小さな真鍮板を当てて小刻みに動かして修正します。これは一応プラ板でもできますが、薄いものだと曲がってしまうためにきれいに平らに出来ず、厚いものだと面に当たっている感覚をつかみづらいのであまりお勧めできません。ちなみにですが、ティルピッツの主砲シールドもこの方法で面を整えています。

【写真68】赤城の艦橋前面は下が丸まっていて、上のほうが角ばった形状をしています。上側は防空指揮所のブルワークと同じ方法で面を整えました。下側は上側の角を落とさないようにマスキングをしてからスポンジやすりで整えています。スポンジやスリは割り箸などに両面テープで貼り付けて使うと作業が行ないやすいです。

【写真69】羅針艦橋パーツの窓枠を取り付ける部分の縁が丸くなっていたので瞬着接着剤で修正しているところです。要領は缶室給気口の縁の修正方法と同じです。

【写真70】各フラットと窓枠を取り付けたところです。羅針艦橋パーツの面を修正する際に削りすぎて窓枠のエッチングが合わなくなってしまったということはないでしょうか。角の部分だけに瞬着接着剤を盛って修正すればアウトラインが内側に入るのを最小限に抑えることができます。また、瞬着硬化剤を綿棒でパーツにつけておけば、ピンポイントで瞬間接着剤を盛ることができます。

【写真71】テトラモデルワークスのディテールアップパーツには、2キロ信号灯を支えるステーのエッチングが用意されているのですが、信号灯の支持筒を細いブラ棒に置き換えたために合わなくなってしまったので0.13mm厚プラ板で作成しています。エッチングパーツはグレーチングの足場部分のみ切り出して使っています。なお、このように細いブラ材で構造物を作成する場合には、プラ用接着剤だけでは不十分なので、流し込みタイプの瞬間接着剤で補強しています。

【写真72】空中線支柱は1/350キットのハセガワ純正のエッチングパーツを参考に真鍮線で作成しました。真鍮線はインフィニモデルの0.15mmと0.1mm径を使用しています。取り付けは艦橋パーツ側にドリルで穴を開けて行い、支柱を支える梁は先端を斜めに削ってから接着しています。窓枠の上下に貼り付けたブラ板は実物の構造を再現したものですが、窓枠のエッチングパーツとブラパーツとのわずかな段差を隠す目的もあります。

【写真73】壁面を走る配管は伸ばしランナーで再現しました。水密扉はナノドレッドパーツを使用しています。そのままでは厚みがあるので裏側を削って薄くしてから接着しました。幅のある扉は二個のパーツを組み合わせています。黒板はテトラモデルワークスのディテールアップパーツに含まれているものを使用しました。艦橋パーツ側のモールドは削り落としています。

【写真74】防空指揮所のブルワークは内側から削り込んで薄く加工しました。前方の測距儀はヤマシタホビーの特型駆逐艦キットのパーツを加工したものです。双眼鏡はGENUINE MODELのレジンパーツを使用しました。ループアンテナは、テトラモデルワークスのディテールアップパーツのものは実際より径が大きいように感じたので、手持ちのジャンクパーツを加工して使用しています。操舵室の四角い窓の庇は伸ばしランナーではなく、0.13mm厚プラ板を削って薄くしたもので作成しています。実物では、艦橋前のフラットと後方に二基ずつ探照灯管制器兼見張方向盤が配置されているのですが、作品では省略しています。

【写真75】ディテールアップを終えた艦橋です。後方にある水密扉は曲面部分に位置していますが、エッチングパーツの水密扉をそのまま接着したのでは、両脇に隙間が出来てしまうので、ゴムシート上で、エッチングの裏側に金属棒（ドリル刃の軸部分など）を当ててハンマーで軽く叩き、少しだけ曲げてから取り付けています。エッチングパーツへのメタルプライマーの塗布は、塗り分ける必要のある箇所でない限り、基本的には取り付け後に行なっています。ただし、これは刷毛で塗っても塗膜が薄く、ムラが出にくいMr.メタルプライマーの旧製品だからこそできることで、手持ちの在庫が無くなってしまったら、筆者も何かしらの対処法を考えなければならないと思っています。ちなみにフィニッシャーズのメタルプライマーは使用感が似ていますが、こちらはプラスチックを溶かしてしまうので、プラパーツには使うことができません。

——本書に掲載している大渕さんの一番古い作品はピットロードの艦船模型コンテストで銀賞を受賞した1/700の扶桑なんですけれど、あれは相当チャレンジングな作品でしたよね。はじめて見たときにはとても驚かされました。『ネイビーヤード』への作例掲載もあの作品がきっかけだったと記憶しています。

大渕 2012年ごろに製作したものでしたね。

——7、8年くらい経ちましたがいま見てもとにかくすごい作り込みです。

大渕 そうですね。じつは、私の艦船模型の製作スタンスは、あの扶桑以降と扶桑以前では全く変わりました。そういう節目の作でした。

——扶桑の精密感には目を見張りました。どうしてこんな作品ができたのでしょうか。

大渕 それまでは作っていて楽しければ良いということで、ディテールアップはほとんどしていませんでした。たまに手すりをエッチングパーツで付けてみようとか、ちょっとしたディテールアップを何回かやっていたくらいでした。そして、2011年に東日本大震災があって……あれが転換点だった気がします。茨城に住んでい

たのですが、この世の終わりのような感じがしました。それから自分のやりたいことをとことんやっておいた方が良いな、というふうに考えるようになりました。精密な艦船模型を作り始めたきっかけはそんな感じでした。そのあと初めて本格的に作り込んだのがあの扶桑です。

——きっかけがあったとしても、いきなりこんな風に作り込めたのが不思議なのですが……。

大渕 最初に作ったのはアンカーチェーンでした。「1/700のアンカーチェーンって自作できるのかな？」って何回も試してみたんです。どうにか行けるぞって目処がたってから全体のディテールアップに取り組みました。そして気がついたら足かけ1年と2ヶ月かかっていました。

——前からアイデアがあったのでしょうか？

大渕 扶桑のアンカーチェーンをきっかけに考え方が変わったかもしれません。ひとつのことが実現できると、モードが切り替わって、自分でどこまで作れるかってとことん考える。そうすると意外とアイデアが出てくるんですよね。

——大渕さんの作品で面白いなと思ったのが、オリジナリティある工作技法、そしてその発想

の豊かさです。本書では製作工程を詳しく披露していただきましたが、これまでに他所で見たことがないような工作法が多数ありました。完成したものだけを見るとわからないのですが、「こういう発想でやってるんだ」と驚かされました。アンカーチェーンひとつとっても、普通なら多少オーバースケールでも金属製の既存の市販チェーンでよしとするところでしょう。そこを、ひとつひとつプラ材を刻んで伸ばしランナーからアンカーを作ってしまう。普通は思い付かないと思うし、思い付いたとしてもそんな細かくて難しいことをどうやればいいのか思いもよらないと思うんですね。大渕さんの頭の中では完成した姿がイメージされているのでしょうが、それをどう実現するかの間で、いろいろ試行錯誤しているのでしょうか？

大渕 子どもの頃にニチモの30センチシリーズを作ったりはしましたけれど、じつはその頃はそんなにプラモデルは作ってないんです。そのころは家にあるお菓子の空き箱なんかでずっと工作をしていましたね。夏休みの自由工作みたいな感じです。それを毎日やってたんです。田舎だから当時の三種の神器はセロテープとハサミと糊だけです。ないものは作ってしまうんです。

——昭和の風景ですね（笑）。

特別インタビュー／自分のやりたいことをとことんやっておきたい——

大渕 克の超絶艦船模型はこうして作られる。

妥協のない徹底したこだわり。これが大渕作品に共通する魅力だ。市販のディテールアップパーツをなるべく使わずアイデアと指先の感覚だけで超精密な作品を作り上げていくその姿はまるで魔法のようだ。今回はその作品が生まれるきっかけと作品の根底に流れる考え方について伺う

大渕　しかもハサミなんていまのような高性能のものなんてないんです。布を切る裁ちバサミで切ってました。選択肢が裁ちバサミか糸切りばさみしかなかったんです。祖母に「物差しみたいなのない？」って聞いたら、竹製のものを渡されました。しかも、目盛りがセンチじゃなくて尺なんですよ（笑）。

——それで紙工作をやっていたんですね。それは工夫の連続になりますね。

大渕　そうなんです。幼少期の体験から発想力と思考回路が出来上がったんだと思います。

——それを聞くと過剰なまでの自作工作にも納得がいきます。子供のころもプラモデルに自作ディテールアップをしていたのでしょうか？

大渕　小学校の頃にニチモの30センチシリーズを作ったりはしましたが、そのまま組み立てたものを池に浮かべて遊んでいたくらいで、もちろん小学生ですからディテールアップなどはしていませんでした。

——軍艦そのものには興味はあったのでしょうか？　日本海軍の軍艦や、海上自衛隊の護衛艦が好きだったとか。

大渕　艦船模型の製作をはじめるまでは、そういうのはなかったです。知ってる船は大和と赤城くらい。一般人レベルです。コンピューターグラフィックでアニメーションを作ったり、そういうのが趣味だったんですよ。子供の頃作っていた模型はあくまでオモチャという認識で、ちゃんと艦船模型のプラモデルを作るようになったのは2006年の9月か10月くらいかな。今から13年くらい前ですか。

——艦船模型のモデラーは30年とか40年、作り続けている方が多いです。それを考えるとわりと最近ですね。そのときはなぜ艦船模型を始めてみようと思われたんですか？

大渕　ちょうどそのころ職場の先輩と大和の話になって。「戦艦大和の主砲を旋回させる技術は、ホテルニューオータニの回転展望台につながっている」という話、ありますよね。ああいう話で盛り上がって急に大和が作りたくなったんです。それで次の週末に早速近くの模型屋さんに行って、タミヤの1/350の大和を買ってきました。

——その時代のタミヤの1/350スケールの戦艦大和といえば旧キットの方ですね？

大渕　旧1/350のプラモデルです。買ってきて、ストレート組みで、ディテールアップもせず缶スプレーで塗装したのが最初でした。

——そのころから艦船模型のディテールアップには興味がありましたか？

大渕　タミヤの1/350大和を近くの模型屋さんに買いに行ったときに、ハセガワの1/350長門のチラシが貼ってあったんです。そこでエッチングパーツというものがあると初めて知ったんです。その完成写真を見たら細かく作り込まれていて「いまのプラモってすごいな」と。それに驚いて、1/350長門を買ったんですよね。

——ハセガワの1/350シリーズが始まったのが2005年の三笠。一年経ったころに駆逐艦雪風、南極観測船の宗谷が発売され、1/350長門はそれに続く第4弾でした。

大渕　そうですね。『日本に昂ぶるシリーズ』って、あのキャッチコピーにもすごい惹かれたんですよ。「おおっ！」と思って。

——ハセガワの1/350長門、しかもエッチングパーツも同時に使って、ということになるといきなりかなりの大作ですね。

大渕　当時は何も知らなかったものですから（笑）。純正の専用ディテールアップパーツも全部まとめて買ったんです。

——それは完成しました？

大渕　一応完成させました。ただ、いまのような作り込みはしていません。

——最初のふたつは1/350スケールで作られたんですね。そのあとは……？

大渕　1/700へいきました。1/350は複数作ってしまうと部屋に置くスペースがありませんから。1/700で最初に買ったのはフジミの1/700那智だったような気がします。ステンレス製のエッチングパーツが付属する限定版でした。1/700は多分これが最初だと思います。

・

——これまでの模型製作で一番苦労された工作って、どれでしょう？

大渕　一番苦労したのはあの扶桑を作ったときの機銃の工作でしょうね。

——25mm機銃ですね。三連装？　それとも単装機銃のほうでしょうか？

大渕　全部です。13mm単装機銃も自作しています。連装機銃だけで2ヶ月も掛かってるんです（笑）。

——そのころには市販エッチングパーツの機銃はもちろん、ナノ・ドレッドのプラスチック製パーツもすでに発売されていましたよね。市販品では納得がいかなかったんですか？

大渕 納得いかないというよりは、あの扶桑を作るときは、最初に「全て自作でディテールアップする」と決めていたんです。

——艤装品は全部自作!?　20年前ならともかく、かなり考えられない選択ですね。

大渕 そうです。全て自作です。作る前にはっきりと決めていました。ボート類もそうです。キットのパーツをベースにはしていますが、ディテールは自作です。手すりやジャッキステーも伸ばしランナーで作りました。

——1/700でジャッキステーも伸ばしランナー！プラスチック材だけでディテールアップする、ということ自体が目的だったんですね。

大渕 そうです。真ちゅう線すら使わない。全部プラで作ろうと決めてからはじめました。

——当時の1/700で金属素材は一切使わない……かなりチャレンジングな作品だったんですね。1/700で艤装を作り込むとなると、すべて実物どおりにするのは物理的に不可能です。どこまでを再現してどこからは省略するか、見極めるのが難しいポイントになりますね。

大渕 実物から1/700なりに省略するということで活きたのが、前の趣味だった3DCG制作です。3DのCGって、単純な形、たとえば球とか円柱などを組み合わせて複雑な形を作っていくんです。そこでの経験が活きました。

——もうひとつ、機銃などで難しいのが、何十個も同じように作らないといけないということです。一個二個だったら頑張ればかなり精密に作れるかもしれないですが、精度を揃えて量産

するのは至難の業なのではないでしょうか？

大渕 機銃の銃身よりも台座の部分が難しいんです。三連装機銃だと三丁の機銃がありますけど、それを支える側面の鉄板の形状をどう再現するかには悩まされました。単純な形にディフォルメしたら三角形なのですが、実物はカクカクしてますよね。あれを何十個も同じように切り出さないといけない。

——わずかでも狂ってしまうと形状が統一されませんね。それでも揃わないものができる場合もありますよね。多めに沢山作ってできの良いのを選ぶんですか？

大渕 そうですね。ほんのわずかの相違でもダメなので、ひたすら同じものが作れるようにプラスチックを刻み続けました。毎日2時間くらいはひたすら機銃を作っていたんじゃないでしょうか。土日は朝から夜までとにかくずっと機銃を作り続けていました。

——何ヶ月も機銃だけを作っていたんですね。聞いているだけで気が遠くなります。その後の大渕さんの作品では、市販エッチングパーツも使用されていますよね。

大渕 あの扶桑は「すべてプラスチック材で自作し、市販アフターパーツは使わない」というテーマをはっきり決めて作ったのでそういうやり方で工作しましたが、その後の作品では「便利なものは使っていこう」というふうに変化してきています。今はチャレンジしてみて、できないと諦めてしまうこともあるのですが、扶桑を作っているときは「諦めたら終わりだ」って思っていました。とにかくできるまでやってやろうと。同じやり方で最低5回は失敗するまで、と思っていろいろな方法を試しました。

●

——艦船模型のプラモデルをディテールアップ

するときに、ここだけは必ず直すという定番のポイントはありますか？

大渕 マストですね。マストなだけに。

——ダジャレきましたね（笑）。

大渕 さておき、マストはプラモデルのパーツのままだと太いので、必ず自作します。

——船体形状にも手を入れられているように見えますが？

大渕 ほとんどの場合船体形状にも手を入れるのですが、思い返してみると、ヤマシタホビーの1/700吹雪型駆逐艦などはそのまま作っていましたね。船体側面のモールドは、大抵いったん削り落とします。船体はバスタブ型だと艦首付近に必ずと言っていいほどヒケが出ます。また、左右貼り合わせ型の船体では、どうしても艦首の先端部分が厚めになるんです。そういうところは埋めたり削ったりして整えます。艦船模型は艦首がシュッとなってないと。

——船体舷側の表現はどうですか？　舷側にある外板の段差のような形状。最近はほとんどの艦船モデラーがここにディテールを入れますね。ものによってはキットパーツで再現される場合もあります。ディテールアップしているモデラーの途中写真を見ると、マスキングテープを貼ってサーフェイサーを吹いてちょっとした段差を作るみたいなのが流行っています。一方で、大渕さんの赤城などでは、いったんモールドの部分を削って掘ってその上に細く伸ばした伸ばしランナーを貼っています。

大渕 伸ばしランナーはそのままだと大げさな凸モールドになってしまうので、平らにたたいて薄くしたものを貼っていて、さらにそれを削っています。はっきり言って、赤城ではほとんどの労力をここにつぎ込んでいます。あまりに手間がかかりすぎるので途中で「やるんじゃなか

大渕作品のスタート地点となった戦艦扶桑。2012年製作。グレーの部分がキットのパーツで白い部分が自作のプラ材でディテールアップしたところ。製作途中写真でよく見かける金属色のエッチング

パーツがいっさい使われていないところに注目して欲しい。艦橋窓枠、艦橋トップの21号電探、ラッタル、艦橋背面のジャッキステー、さらにはブルワークのふちの部分まですべてプラ材で作られている

▼インタビュー中で大渕氏が「一番苦労した」と語った扶桑の機銃がこれ。25mm連装機銃だ。左右のシートやハンドル、ラッパ型の銃口なども限界されており、これを複数量産するのに2ヶ月かかったそうだ

ったかな……」とか心がゆらぎました（笑）。

——赤城の途中写真、伸ばしランナーが赤いのは、自分の作業が見やすいようにですか？

大渕 そうです。自分でどこまでやったのか見やすいように赤いランナーを使いました。

——ここまで繊細なディテール工作だと、肉眼で見た場合ほとんどの人が「ディテールアップした」ということ自体に気が付かないのではないでしょうか。精密な写真を撮って拡大して見て初めて「すごい!!」とびっくりします。

大渕 そういうことは考えないんですよね。飛行甲板の塗装もそうです。写真を見ていただいてわかると思うんですが、塗った直後は色の差がありますが、完成したものを見ると単色塗装だと思われる方も多いと思います。

——まず塗り分けてそのあとにウェザリングをしているので、一見するとそんなに細かく塗り分けているようには見えない。よくよく見ると微妙に甲板の色が違う。こういう見えない部分のこだわりみたいなのがあるのでしょうか。

大渕 じつは掲載用に写真を撮られる前提では作っていないんです。あくまで肉眼で見たときに自然に見えるようにしたい。

——なるほど。たしかに、肉眼で見たときには「いかにも手を入れました」というようなところが見えませんが、でも手を入れていないものと比べてみるとリアリティーや自然さが段違いです。

大渕 飛行甲板の塗装もそうですけれど、ディテール工作でも、肉眼で見たときに「集合として自然に見える」ことを意識しています。飛行甲板であれば、板一枚一枚を見せようとするのではなく、全体を視野にとらえたときに自然に見えるようにしたい。舷側の凹凸であれば、肉眼で見たときには「何かがある」とわかればいいんです。そこから目を凝らしてみると「継ぎ目が

あるぞ!?」とようやくわかる。そういうのが理想かな。パッと見てはっきり見えるようだと、私の感覚ではちょっと大げさすぎて「自然」とは思えないです。

——いまは市販パーツで使えるものは使うとのことですが、「ここにこだわる」と決めた部分以外では、再現に妥協するというようなところもあるのでしょうか？

大渕 あります。全てをできるところまでディテールアップしようとした扶桑は例外ですけれど、それ以降の作品は「今回はこの部分にこだわってみよう」とポイントを絞ってディテールアップをするようにしています。

——たとえば、ピットロードの1/700大和のときはどこがポイントだったのでしょうか？

大渕 大和では木甲板塗装でした。大和というと派手な武装や艦橋に目がいくので「え？」と思われるかもしれません。1/700大和以前の作品では甲板を結構明るめに仕上げていたんです。扶桑のときや加賀のときはマスキングテープで塗り分けていますが、色味にはあまり気を遣っていませんでした。その頃はウェザリングもしてませんでしたし。今見ると甲板がきれいすぎるし明るすぎる。市販の塗料のタンの色を調整せずそのまま塗っていた感じです。そこで大和では甲板の塗装にこだわってみました。

——AFVモデルで使われるウェザリング塗料などで汚す、ということでしょうか？

大渕 油絵の具も使っています。Mr.ウェザリングカラーと、タミヤのスミ入れ塗料も。あれはすごく良いですね。混ぜ合わせて調整しやすい。スミ入れ塗料は初期はブラックとグレイとブラウンで3色しかなかったんですけれど、今はグレー系はグレイと、ダークグレイ、ライトグレイと3色ありますから。スミ入れでちょっと影を出すときもこれを使うことが多いです。ブラックでスミ入れをしてしまうことって多いですよね。

でもブラックだと、薄く伸ばしてもちょっと色が強すぎるんですよ。

——ウェザリングはわかりやすくやるとくどくなりがちです。その点、この大和はぎりぎり抑えめにすることで自然な感じになっています。

●

——大渕さんの工作で気になったところなのですが、赤城などを見ると、舷窓の丸窓をひさしも含めてすべて作り直していますよね。半円形の舷窓ひさしは、昨今ではキットパーツにモールドされていることが多いですし、便利な市販エッチングパーツもいろいろとあります。にもかかわらず、モールドを削り落としていったん穴を埋め、穴もひさしも作り直していますが……。

大渕 ほとんどの場合、丸窓はいったん埋めてしまいます。

——なぜ埋めないといけないのでしょうか？穴を深く見せるだけなら、埋めずにそのままドリルで穴を深く彫ればいいのでは？

大渕 そのままだと窓穴の縁がすり鉢状なんです。丸窓のモールドの縁がちょっと丸まっているので、そのままドリルで彫ると角にわずかに丸みが残ります。丸みが残らないようにするには大きな径のドリル刃にしないといけないですが、それだと窓が大きくなってしまいます。窓穴の径を大きくせずに穴の縁を直角にしたいので、穴を埋めて彫り直すんです。

——たしかに、穴のエッジがシャープでないと陰影が違って見えますね。

大渕 舷側がきれいに見えないんです。

——垂直水平をきちんと出そうと意識しているのは、製作中の写真で金属ブロック使っているところからも察せられます。直方体の金属プロ

ピットロードの戦艦大和（左写真／2016年製作／66ページ〜）とフジミの空母加賀（上写真／2014年製作／72ページ〜）の甲板。どちらも一見、一色に見えるがよく見ると調色した同系統の色を複数用意しておき同じ色が隣り合わないように丁寧に塗り分けられていることがわかる。大和と加賀の最大の違いはその色合い。加賀は比較的鮮やかな色で塗られているが、大和では灰色がかった色で塗られている。インタビューで語られている通り、大和以降の作品では甲板色はウェザリングが施されるようになった

ックに当ててヤスリを掛けることで、きっちり90度にされていたりしますよね。角が丸まったりしないようにするこだわりだなと思いました。

大渕 フリーハンドで工作したら絶対曲がりますからね。

——削りすぎででこぼこになったり縁が丸まったりします。工作されてて、たくさんオリジナルの治具を作られていますよね。それらはどうやって思い付くんですか？

大渕 なんでしょう。閃きますって言ったらそれで終わりなんですが（笑）。

——治具はとっておいて使い回すのですか？ 毎回作り直しているのですか？

大渕 とってあります。たとえば真鍮パイプで作ったポンチなどはずっと同じものを使っています（42ページで紹介）。モーターツールの軸がちょっとでもズレていると、真鍮パイプにつけた刃が斜めになっちゃうんです。最初に買ったモーターツールはたまたま精度がとてもよかったのですが、たくさん作られる工業製品は同じモデルの中でも微妙な差があるんですよ。『シティハンター』という漫画で『ワンオブサウザンド』というエピソードがあったんですが、大量生産の中で、極々一部に極めて精度の高い銃ができるみたいなお話です。私の場合はたまたま運良くはじめに精度の高いモーターツールを手に入れることができたのですが、あとに買った同じメーカーのモーターツールで同じように工作したら「なんか斜めになってうまく削れない」ということが起きました。なので初めに購入したモーターツールで作ったポンチをずっと使ってます。

——話は変わりますが、ハッチを自作している途中写真を見ていて気になったのですが、なぜ最初から厚いプラ板を使わないのでしょうか？ 厚めのプラ板を使えば貼り合わせなくてもよいですよね？ わざわざ薄い板を二枚貼り合わせて厚い板を作っていることにはどういう意味があるのでしょうか？

大渕 要するに、ここは開閉可能な蓋をイメージしているんです。なので2重にしたい。

——細かい！

大渕 塗装する前の状態だと全部真っ白なのでほとんど見えないんですけれど、塗装をするとうっすらラインが浮かび上がってくるんです。ここはこだわりですね。塗装したところでこの部分が分かれてるのがかすかに見える程度にしたい。肉眼だと見えないかもしれないですけどね（笑）。前は別にこの蓋を作って接着してたんです。わざとほんのわずかに幅を変えて段差が出るように作ってたんですけど、最近は手間を省くために最初からくっつけちゃっています。

——2枚のプラ板を合わせてハッチの形に整形することで、上の可動するハッチの蓋の部分が別パーツに見えるようにしてるんですね！

大渕 初めから段差を作ろうとすると大げさになるので、貼り合わせのところを段差に見せているんです。貼り合わせたところの合わせ目を消さない限り溝は残るので。

——接着剤を塗って貼り合わせても合わせ目は消えないんですか？

大渕 接着剤を多めに塗ってギュッと押しつけてくっつけたら消えますけど、はみ出さない程度に接着剤を塗って貼り合わせただけなら合わせ目は残ります。細かすぎて伝わらないこだわりですけれど（笑）。

——ほとんどわからないですが、よく見るとたしかに2重に見えます。すごい！ 同じような疑問なのですが、ボラードの作成のところで、円柱を作りますよね。そこで、いったん穴をあけたプラ板にプラ棒を差し込んでから円柱を切り出しています。丸いプラ棒ををそのまま輪切りにしていったらダメなんでしょうか？

大渕 そのまま輪切りにするやり方もあるんですけれど、切りたい円柱の長さが短すぎると上

手く切れないんです。

——その方法なら丸棒を長さ1mmの円柱に切れる？

大渕 できます。今回はモーターツールに差し込んでから切る方法も紹介しています（45ページ）が、切り出したい円柱が短くなってくると、モーターツールに差し込めなくなります。プラ板に差し込む方法のほうが高さが揃えやすいんです。一個一個ノギスで高さを合わせようとしてもやっぱり微妙にズレますしね。

——ボラードだったら、失敗しても高さが1mmも違うってことはないですよね。ぜいぜい誤差0.5mmくらいだと思うのですが……0.5mmでも違うと気持ち悪いってことですか？

大渕 0.5mmはもちろん、0.1mmでも違ったら気持ち悪いです。「ああー!!」ってなるくらい。

——それは普通の人にはない感覚ですね（笑）。と言いつつ、1/700で0.1mmだと実物で7cm、形にこだわると気になりそうです。本書掲載の途中写真を見ていくと、工作内容と手順自体は見ればわかります。でも、なぜそんなに手間掛けてそういうことやってるのかがわからないところが多かった。でも、それぞれ理由を聞いていくと、なるほど、と思いました。

大渕 0.1mm以下の誤差精度で仕上がっていると気持ち良いですよね。メーカーの真鍮製ディテールアップパーツにも負けていないと思います。そこまでやる必要あるかと問われたらないと思われる方もいらっしゃるかもしれませんけれど。

——でも、その「0.1mm違ったら気持ち悪い」という感覚が作品全部のリアリティーや自然さに繋がってるんですね。

●

——これから艦船模型の作品を作られるうえで、「こうしたいと思っているけれど、どうやって工

空母加賀のキット（上）とディテールアップ後の作品（下）。大渕氏がこだわる窓枠の形状に注目してもらいたい。最近のキットは精密化が進み、最初から窓枠は開口部に表現されており、さらに半円形の窓のひさしもモールドされているのも多い。しかしインジェクションキットの性質上、窓枠の縁のモールドはどうしてもエッジが甘くなるい印象となってしまう。そのため大渕氏はこの穴はいったん埋めてから縁取のピンバイスで開け直している。またひさしの部分もプラ材で作り直しているのだ（詳しくは24ページ参照）

空母の舷側には開口部が存在するがこれは凹モールドで表現されているケースも多い。このような部分は開口するが仕上げは上記のような治具（プラ板に耐水サンドペーパーを貼ったもの）で縁をきれいに整える

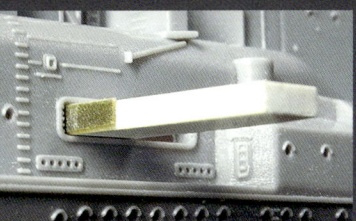

▲▲このように開口部に合わせた治具を用意することで切断面がきれいに整う。適当に丸めた耐水サンドペーパーで削ると開口部の形状がゆがんでしまうのだ

作したらいいのかわからない」というふうに、いま解決法が見つかっていない課題はありますか？

大渕 たとえば船体にプラ板を貼った後から丸窓を空ける工作ですね。舷側の段差を表現するためにプラ板を貼るのですが、丸窓を空けようとするとどうしても縁がケバ立つんです。

――ドリルで穴を開けると角が荒れますね。

大渕 前は0.13mmのプラ板を貼っていました。0.13mmのままでは厚すぎるのでこのプラ板をカッターの刃で薄く削いで使っていました。今はタミヤの0.05mmのプラペーパーがありますのでそれをそのまま貼ればいいと思いますが。

――0.13mmのプラ板をさらに薄く削ぐんですか！ 鉋（かんな）くずみたいな感じですね。

大渕 おぼろ昆布の職人みたいな感じ。

――（笑）。それを貼ってそこに穴を空けようとすると……。

大渕 縁がどうしても毛羽立っちゃうんです。この解決法は未だに見つかってません。

――赤城で伸ばしランナーで表現するようになったのはそのためですか？

大渕 いえ。赤城は、実物の写真見て外鈑の段差はないと思ったのであの表現になりました。

――精密工作だけでなく、考証にこだわる実艦主義な部分を併せ持つところが大渕さんの特徴だと思うのですが、模型での工作を突き詰めると実艦から離れていく部分もありますよね。

大渕 実艦の写真は極力入手して、ずっと見ています。実艦にないものを作りたくないですよね。明らかに実物とは違うものを表現したいとは思わないです。

――ここまでのこだわりを伺っていると、近作で手すりにエッチングパーツを使われているのに少し違和感があるのですが。そのあたりはどのように考えているのでしょう？

大渕 そこはあれです。「手すりがないと乗組員が海に落っこちそう」みたいな感じで無いと不安になるので。たしかに他の部分に比べると大げさですが、限られた時間内ですべてに手を入れることは不可能なので、手すりに関しては妥協している部分もあります。扶桑のときは時間があったので手すりも伸ばしランナーで全部自作しましたが、それを毎回やるとなると1隻作るのに最低半年はかかってしまいますので。けれど船体表面の修正だけは時間がかかっても極力手を入れるようにしています。

――船体のモールドを全部削り落として磨いてから再生していくのは、船体の美しさが大事という考えからきているのですね。

大渕 そうです。まず大前提として船体のラインが整っていないとちょっと気になります。

――現在製作中の新作は羽黒とのことですが。

大渕 羽黒でも舷側のモールドは全部削り落としてやっていますよ。

――削ったあとはすべて自作ですか？

大渕 全部そうですね。舷外電路のモールドも削り落としました。ボラードやフェアリーダーとかも大体作り直します。妙高型は艦首の御紋章取り付け板なども4艦とも形が違うので、きちんと羽黒の形状になるように修正します。

――キットは共通ですからね。工作技法として今後チャレンジしたいと思ってるものは？

大渕 アンカーチェーンは新しい表現を導入しようと思っていました。アンカーチェーンの輪の部分が「θ」状になっているものを作ろうと思っていましたが、先に3Dプリンター製のパーツが出ちゃいましたね。

――大渕さんは3Dプリンターにご興味は？

大渕 あります。前にCGを作っていたので、もしかしたらパーツを設計する側に回った方がいいのかもしれません。CGソフトの基本はわかってるので、すぐにできるかなと思っています。

――フルキットだと大変ですけれど、小さい艤装パーツならすぐにでもできそうですね。こうやって形を省略して作れば再現できるいうところは、これまでの1/700の自作工作ですでに頭にあるのでしょうから。

大渕 ドイツ艦のサーチライトとか。海外艦は市販パーツも少ないですし。

――特殊な形で量産が必要なものは、3Dプリンターで作るのが必然なのかもしれません。

大渕 つい最近SNSで盛り上がったのですが、今は3D出力をやってくれるところがいろいろあります。実際に発注している人に聞くと、縦横のサイズとか体積で値段が決まるみたいですね。そこにパーツを詰め込んでいくんだそうです。

――それでは今後は3Dプリントに挑戦？

大渕 値段がどんどん安くなってるし精度も高くなってます。1/700のフィギュアを作ってる人もいましたよ。フィギュアだったらもう使えるなって感じのクオリティだと思います。エッチングパーツにはない立体感がいいですね。

――エッチングパーツだと板ですからね。

大渕 艤装で0.1mmにこだわっているのにフィギュアが板だと……ですからね。と言いつつ、いまのところはまだ3Dプリンターには負けたくない気分もあります。もしかしたら次作では伸ばしランナーでアンカーチェーンを作っているかもしれないですね（笑）。多分次作の羽黒ではやらないですけれど。羽黒はスラバヤ沖海戦時で作っているのですが、当時の写真を見るとアンカーチェーンは格納してるんですね。甲板上には出していないので作りません。

――1/700の自作で「θ」状のチェーン……本当にできたらぜひ見てみたいですね！

目を凝らして見るとようやく見えてくる、そんな「自然さ」を1/700でも出したい。

第2部では大渕作品の工作テクニックを紹介する。大渕氏の作品では常識はずれの超精密な工作にばかり目が行くが、本書ではまず基礎の基礎、プラスチック素材の切断や加工などの汎用性の高いテクニックを多数披露していただこう。1mmの精度ならば通常のPカッターと定規で切断することも可能だが、大渕作品は 0.1 mmの精度にこだわる。そのため工作箇所によってオリジナルの治具を作りだしている。パーツをひとつだけ作るならばこのような治具は必要ないかもしれないが、同じパーツを量産せねばならない場合（そしてこのようなケースは艦船模型では非常に多い）、まずは工作方法を吟味して決定し、必要に応じて治具を作る。そのほうが完成への近道であり精度も高くなるからだ。ここでは大渕氏の製作テクニックを紹介するだけでなく、より根本的な工作に対する考え方そのものを知ってほしい

第2部
大渕克の技

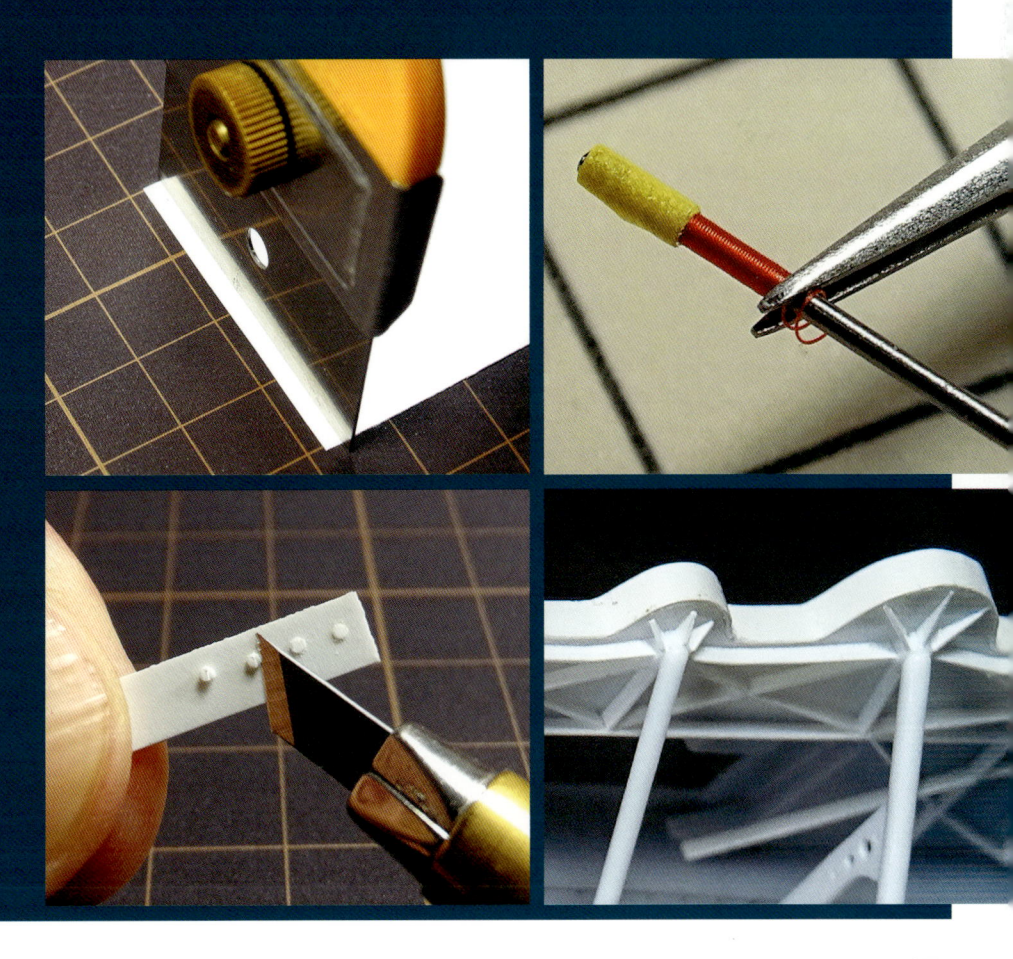

プラ材の切断

まずは工作の基礎となるプラ材の切断から。きれいな切断面を得るためにはどのように切断すればいいのか。詳しく解説しよう

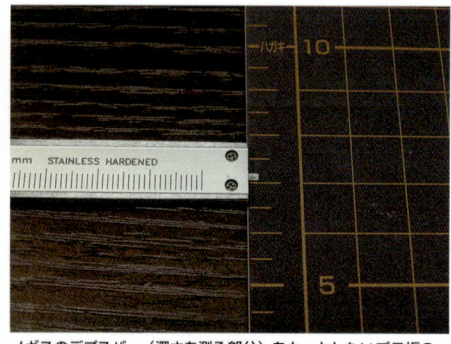

ノギスのデプスバー（深さを測る部分）をカットしたいプラ板の幅の分だけ伸ばし、カッターマットの端にあてる。

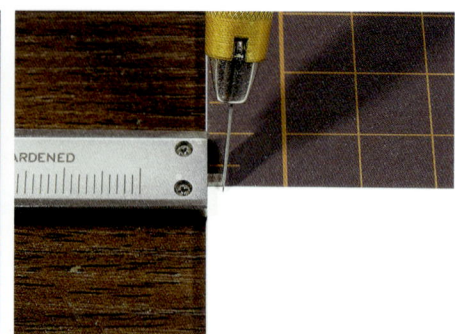

ノギスにピッタリとプラ板を合わせ、デプスバーの端にカッターの刃をあて、小さな切れ込みを入れる。

このような小さな切れ込みをプラ板の両端に入れる。

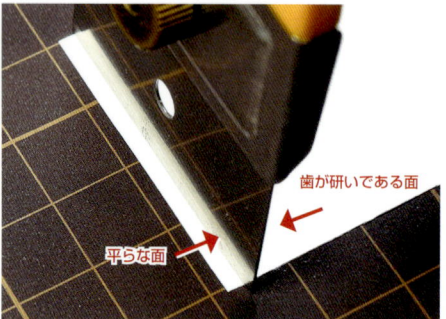

切れ込みに合わせてオルファの「別たち」でカットする。

平らな面　歯が研いである面

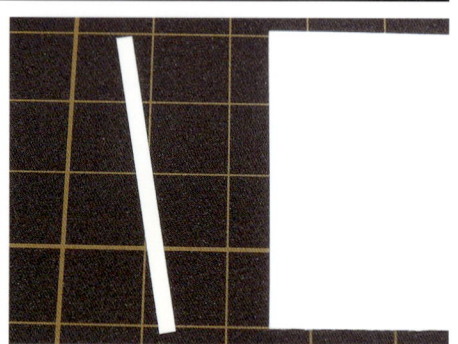

目的の幅でプラ板を切り出すことができた。

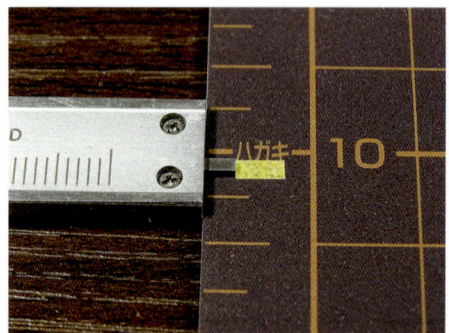

帯状のプラ板を決まった長さに切り出すには、まずカッターマットに切り出す長さの位置にマスキングテープで印をつける。

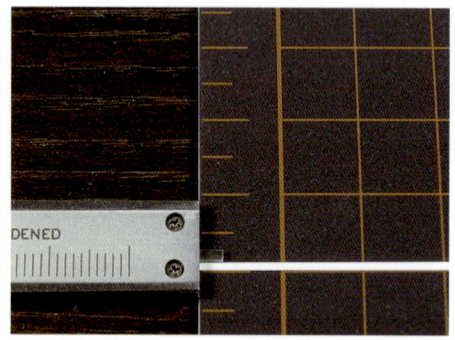

ノギスを下にずらし（「別たち」の刃幅の範囲内）、プラ板をあてる。

マスキングテープとデプスバーの端に「別たち」の刃を合わせてプラ板をカットする。

プラ棒の切断

続いてプラ棒の切断。便利な工具をうまく活用してプラ板と同じく0.1mmの精度で切り出そう

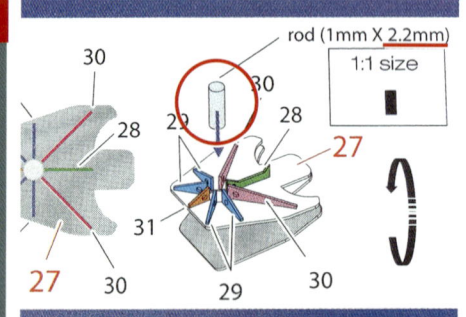

rod (1mm X 2.2mm)　1:1 size

30　30　28　28　27　31　27　30　29　30

スクラッチビルドでの模型製作を行わなくとも、プラ棒を決まった長さに切り出す場面はある。こちらはディテールアップパーツの説明書。

長めのプラ棒（チャックに固定するのに十分な長さ＋切り出す長さ）をモーターツールに固定し、回転させながらMr.ポリッシャーPROで切断面を平らに整形。

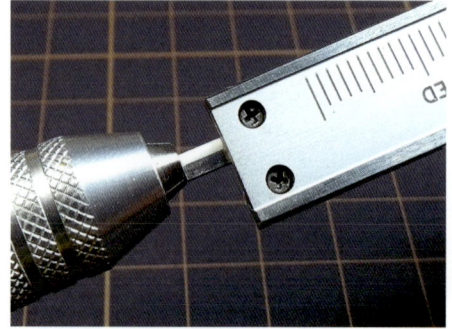

チャックを少しゆるめてプラ棒を出し、ノギスをあてて切り出したい長さ分だけ出した状態で固定。

回転させながらエッチングソーの刃をあて、小刻みに動かして切断する。

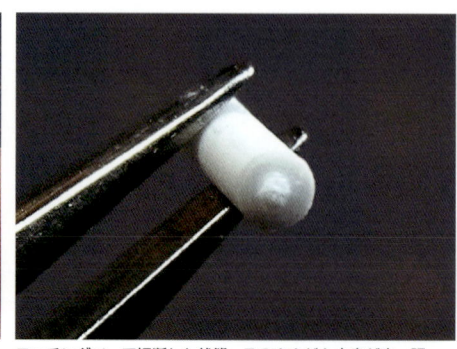

エッチングソーで切断した状態。このままだと中央が出っ張っている。

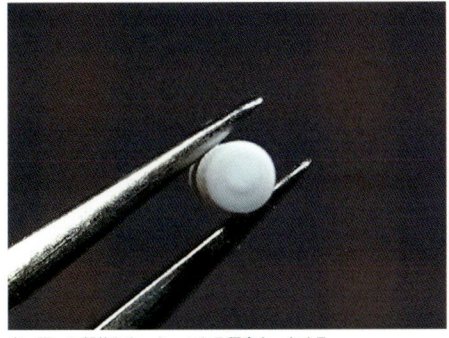
出っ張った部分をカッターである程度カットする。

ふたたびモーターツールで回転させながらMr.ポリッシャーPROで切断面を整える。

きれいな円柱を作成できた。

プラ材の加工
ハッチの作成

プラ材からハッチを作成する。ハッチはエッチングパーツが存在するが自作すればよりリアルなものができる

例としてエバーグリーンの0.4mm厚と0.13mm厚プラ板を用意。0.13mm厚はハッチの蓋を表現するため。

プラ板をカッターマットの端に合わせ、耐水ペーパーを貼り付けた金属ブロックで縁を垂直に整える。

リモネン接着剤を0.4mmプラ板の端に塗る。

0.13mm厚のプラ帯を貼り付け縁を合わせたら……

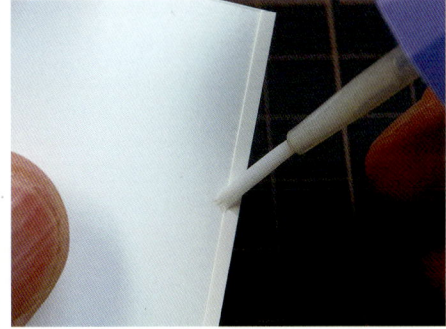
GSIクレオスのMr.セメントSPで固定する。

縁の部分もしっかり固定。

貼り付けたプラ帯に合わせてオルファの『別たち』でカットする。

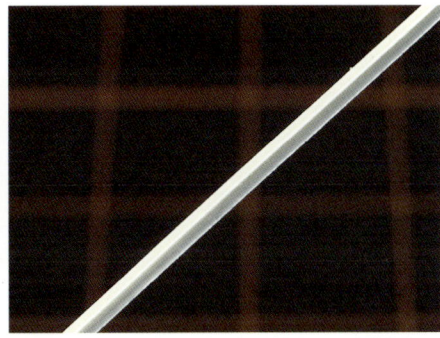
切断面には少しだけバリのようなものが出る。ここを整えるには……

厚さが近いステンレス製のスケール（0.5mm厚）にマスキングテープで固定する。

カッターマットの端に合わせ、プラ板が浮き上がらないように真鍮板で押さえつけながら縁を整える。

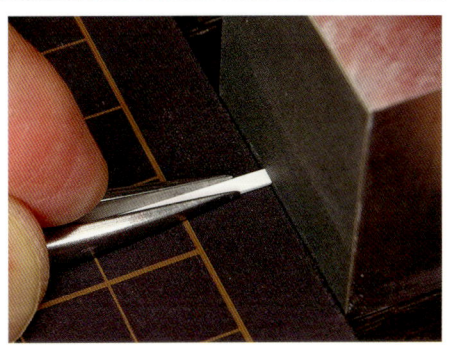
端部を整形。

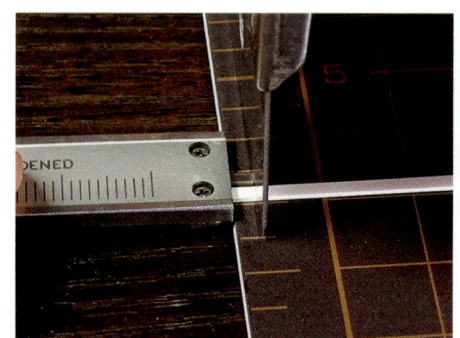
ノギスとオルファの「別たち」でカットする。

角を少し丸める。スジボリ堂のマジックヤスリが便利。つける丸みに沿って動かすのではなく反対の弧を描くように動かす。

このままでもハッチとしての形は成しているが、更に見栄えをよくするため追加工作する。

オルファの「別たち」で細く切り出したタミヤの0.05mm厚プラペーパーを接着。リモネン接着剤で仮接着し、Mr.セメントSPで本固定。

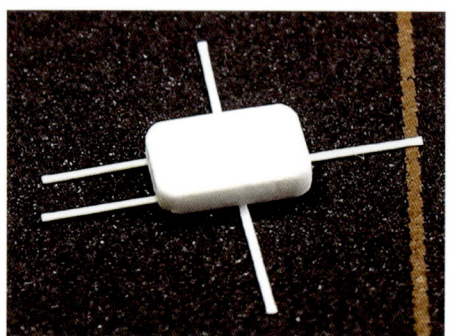
しっかり固定されているのを確認したら、裏返してはみ出した部分をカットする。

金具の表現が加わり、よりハッチらしくなった。無塗装状態では蓋の境目が見えないが、塗装すると見えるようになる。

プラ材の加工

スポンソン支柱の作成

空母などの周囲に配置されたスポンソンの支柱。プラ棒の先端を斜めに切り落とす方法を紹介する

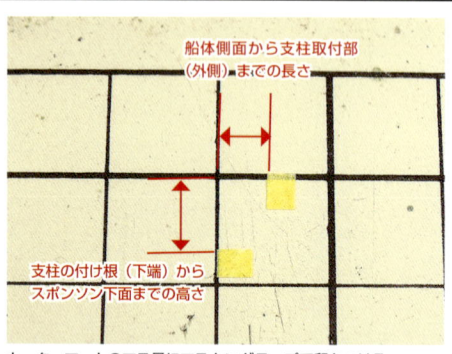
船体側面から支柱取付部（外側）までの長さ / 支柱の付け根（下端）からスポンソン下面までの高さ
カッターマットのマス目にマスキングテープで印をつける。

上から強力タイプの両面テープを貼る。

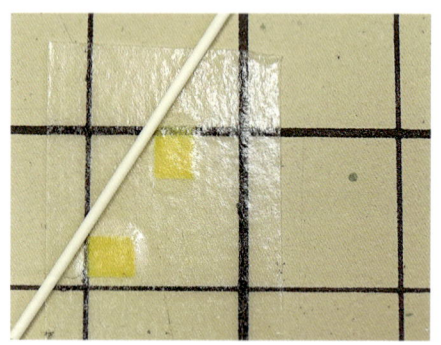
プラ棒をマスキングテープに合わせて貼り付ける。

カッターマットのラインに合わせてオルファの「別たち」で垂直にカットする。（プラ棒はしっかり手で押さえる）。

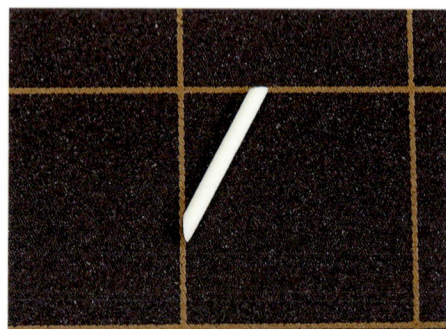
カットしたプラ棒。

スポンソンに接着する側の外側をスポンジやすりで少し削る。

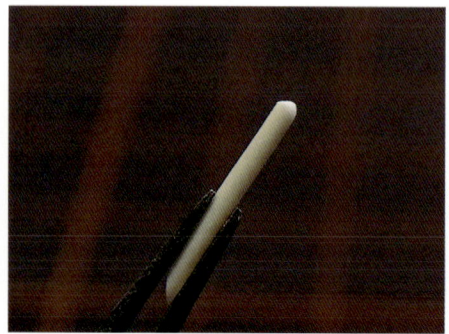
こうすることでスポンソンとのつながりが自然に見える。

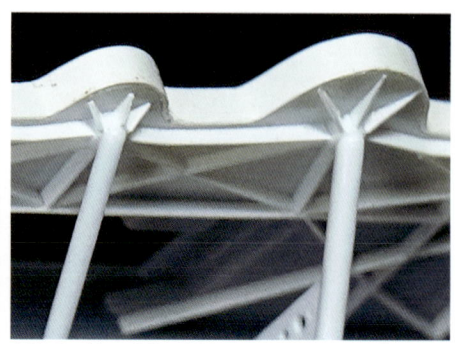
支柱を取り付けた状態。実際取り付けるときには現物合わせの微調整が必要。

ベルマウスの作成

艦首にありアンカーを収納する穴であるベルマウス。適当な径のプラ棒から変形したドーナツ状のパーツを作る

まず、モーターツールとMr.ポリッシャーPROでプラ棒の切断面を整える。

回転させながら鉛筆やシャープペンで印をつける。

印をつけたところにケガキ針などでドリルのガイドとなる穴を開ける。写真は自作の錐。すり鉢状の穴を開けることでドリルの刃を当てやすい。

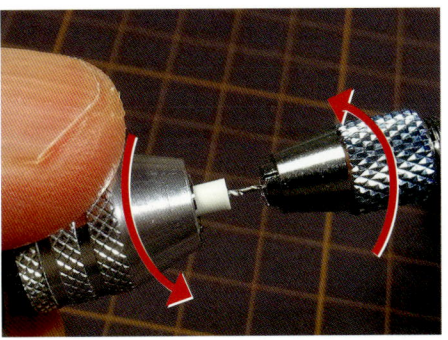

ドリルで穴を開けるときは、ドリルとは逆方向にプラ棒を回しながら行なう。こうすることでドリル刃が斜めに入っていくことを防ぐことができる。

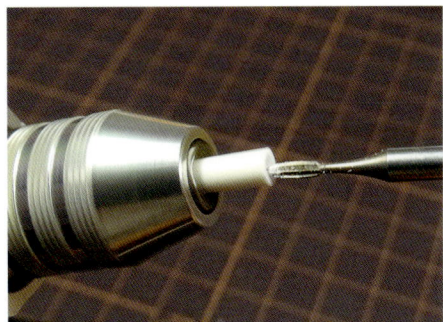

中心に気を配っていてもズレてしまうことがある。ズレたときは超硬ビットの刃を当てて縁の厚みが均一になるように修正する。

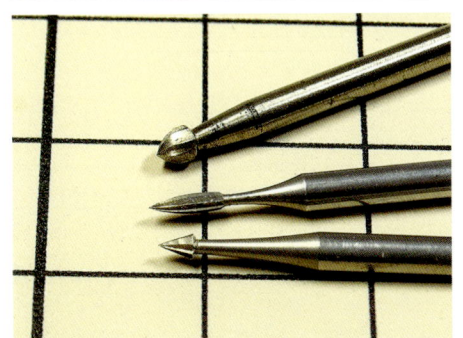

先端形状が異なるモーターツール用のビットを持っておくと何かと便利だ。

穴を開け終えたところ。

紙ヤスリ、モーターツール用のビット、スポンジヤスリなどで縁を丸くする。

回転させながらエッチングソーで切断。少し長めに。

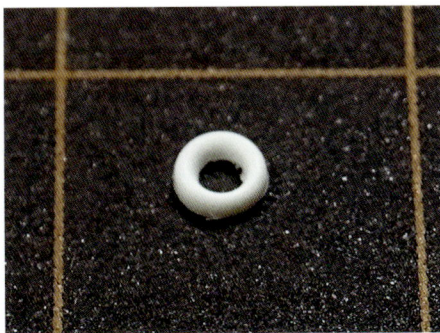

切り出した状態。ここから更に整えていく。

仕上げにはアルミのリベットを利用する。

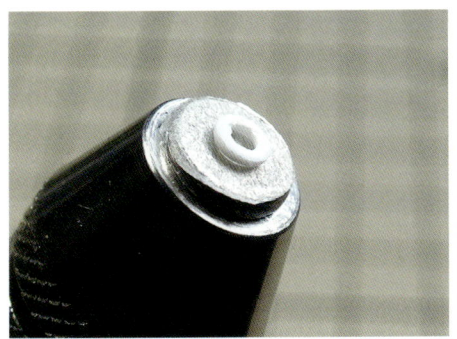

.モーターツールにリベットを取り付け、強力タイプの両面テープでパーツを貼り付ける。

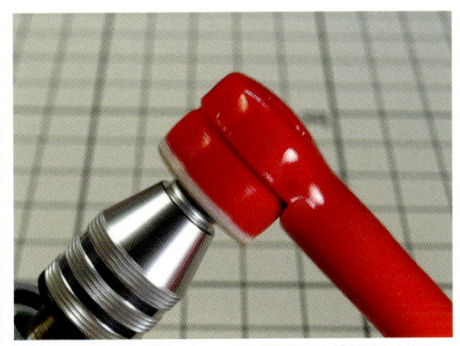

回転させながらMr.ポリッシャーPROで平らに整えるとともに厚みを薄くしていく。

完成したベルマウスのパーツ。

プラ材の加工
ボラードの作成

軍艦を係留する際に桟橋と船をつなぐ杭状の円柱のことをボラードと呼ぶ。プラ棒の切断の応用としてボラードの作り方を解説

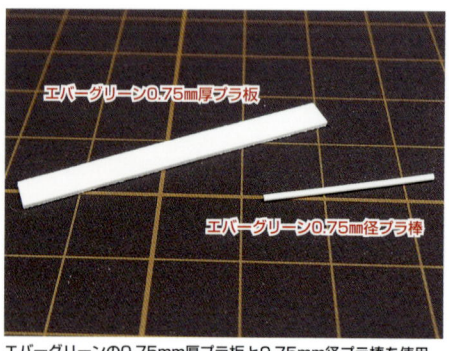

エバーグリーンの0.75mm厚プラ板と0.75mm径プラ棒を使用する。

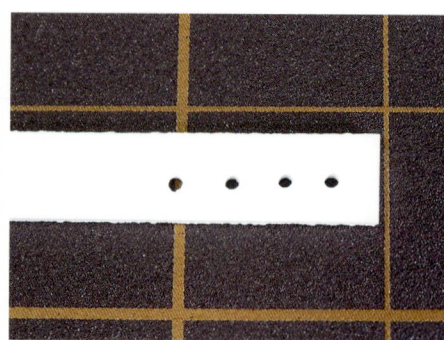

0.7mm径のドリルで斜めにならないように真っすぐ穴を開ける。

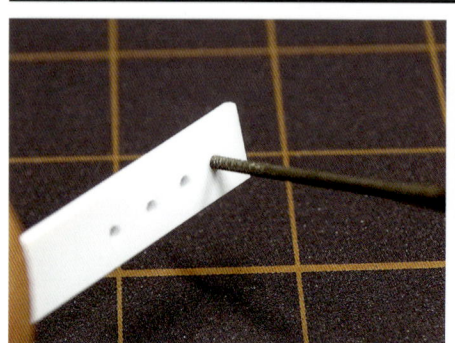

丸棒ヤスリで穴の径を調整する。

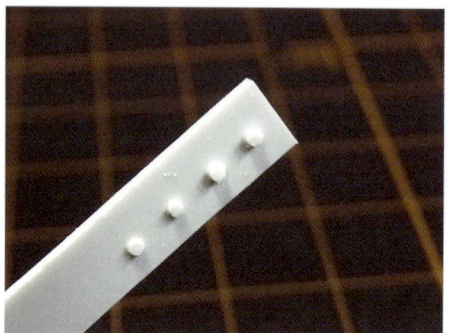

プラ棒を差し込んでニッパーで切断。カッターで削ったり、Mr.ポリッシャーPROを当ててもズレない程度のキツさで

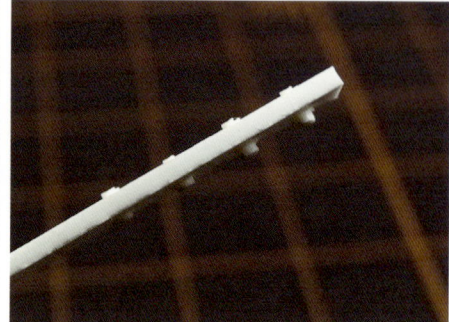

ギリギリではなく、少し残した状態でカットする。

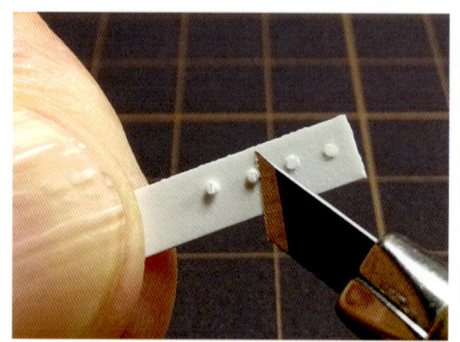

出っ張りをカッターである程度カット。一気に行なうのではなくて、薄くスライスするように複数回に分けて切り取る。

Mr.ポリッシャーPROでプラ板と同一面になるように平らに整える。

平らにした状態。

反対側を修正する前に、抜け出てこないように金属板に均した側を両面テープで貼り付ける。

同じくMr.ポリッシャーPROで平らに整形。

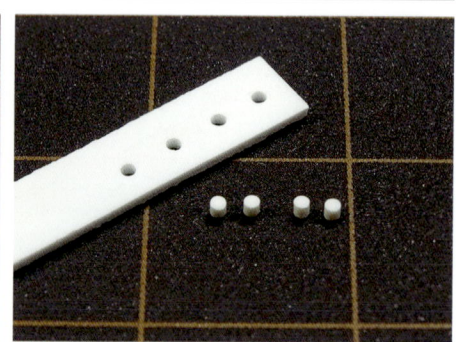

プラ板から抜き出したらボラードの円柱が完成。これでも充分であるがもう少し手を加える。

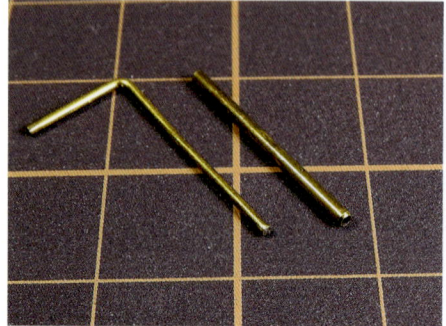

こちらは真鍮パイプを加工して作ったポンチ（左側は打ち抜いたものを押し出すためのもの）

真鍮パイプをモーターツールに固定し、回転させながらMr.ポリッシャーPROで先端に刃をつける。刃が鋭角すぎると簡単につぶれてしまうのでほどほどに。

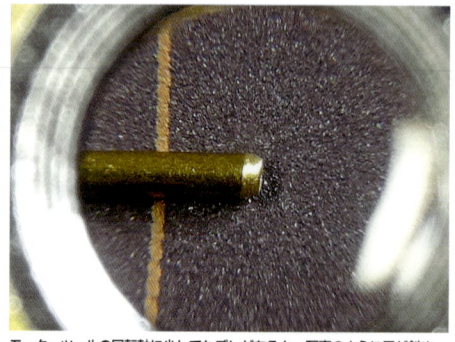

モーターツールの回転軸に少しでもズレがあると、写真のように刃が斜めに傾いてしまう。成功するか否かはモーターツールの精度による。

こちらは扱いやすいように柄を短くカットしたハンマー。

透明プラ板を貼り付けて対象物を傷つけないように処置しておく。

真鍮パイプのポンチをプラ板に垂直に当て、ハンマーで軽くたたいて打ち抜く。

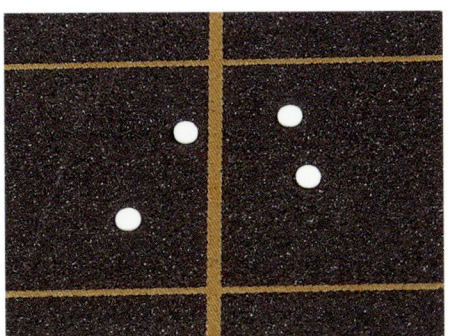
打ち抜いたプラ板（0.13mm厚）。

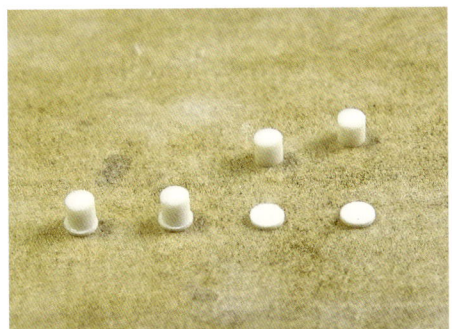
打ち抜いたプラ板と作成した円柱を接着する。弱粘着テープの上で行なうと作業しやすい。

完成したボラード。

プラ材の加工
スポンソンの加工

空母の飛行甲板の周囲などに設置されたスポンソン。この縁の部分を薄く加工できると格段に精密感がアップする

『ブルワークを薄くする方法その1』。加工前のパーツの状態

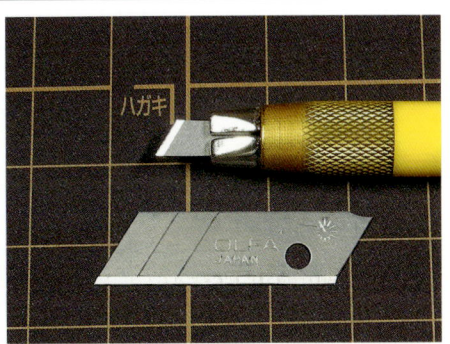
デザインナイフのホルダーに普通のカッターの刃を取り付ける。

上）このままではブルワークを削る際に床面を傷つけやすいので刃先を削る。
下）削り落とした状態（縁に丸みをつける）

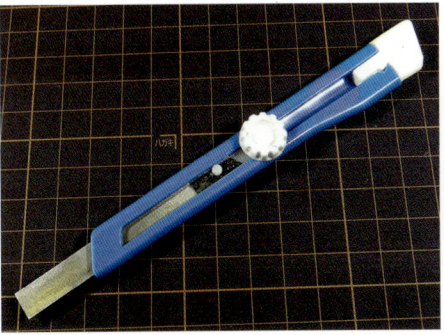
GSIクレオスのスライド式薄平ダイヤモンドヤスリがオススメ。目が1000番と細かいので、滑らかに仕上げることができる。

加工したカッターの刃をブルワークの内側の面となるべく平行になるように当てて削っていく。そうすることで、床面にほとんどキズをつけることなく加工できる。

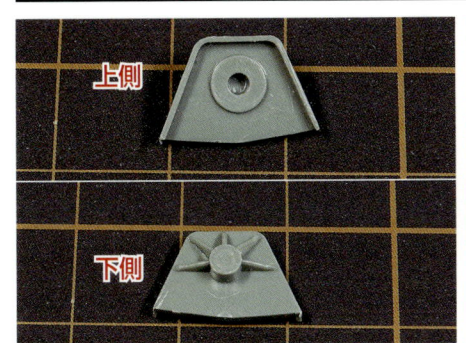
「ブルワークを薄くする方法その2」。続いてこちらのパーツを加工していく。

加工前に削り落とす部分の寸法を測っておく。（支柱の長さ）

寸法の計測（支柱の直径）

寸法の計測（ブルワークの高さ）。

初めに裏側のモールドを切り落とす。

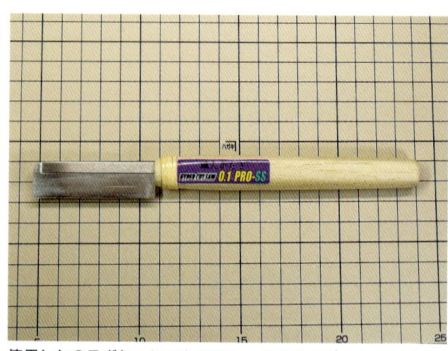

使用したのこぎり。シモムラアレックのハイパーカットソー0.1mm厚。

真鍮ブロック（3cm角）に強力タイプの両面テープでパーツを貼り付ける。強力タイプを使うのは接着面積が狭いため

カッターマットのラインに合わせて金属板（写真は真鍮板1mm厚）を強力タイプの両面テープで固定。それにパーツを固定した金属ブロックを沿わせる。

もう一つ金属ブロックを用意。こちらには耐水ペーパーを貼り付ける。写真はアルミブロックであるが、理想は重量のある真鍮ブロック。

このブロックをカッターマットの端に沿わせて前後に動かすことでパーツに対して水平にヤスリを掛けることができる。作業は水をつけながら行なう。

裏側のモールド削り落とし作業完了。

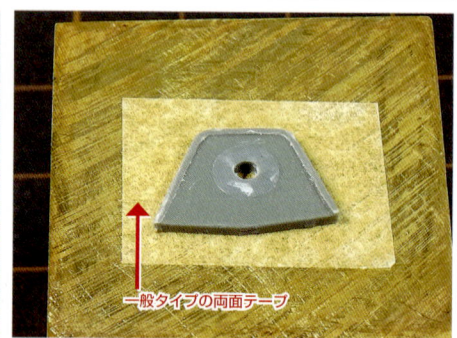

続いて、ブルワークを切り落として、今度は一般タイプの両面テープで固定する。（強力タイプだと外すときに破損のリスクがあるため）

両面のモールドを削り落とした状態

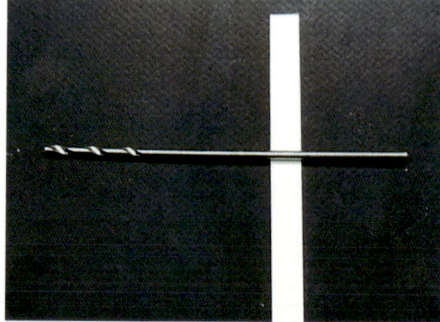

プラ帯（ブルワークの高さにカットした0.13mm厚）をキレイに曲げるには、ゴムシートとドリルの金属棒を利用する。

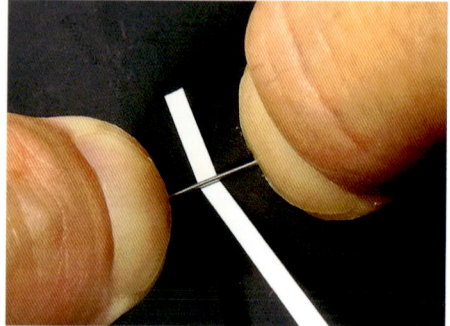

金属棒を押し当てながら……

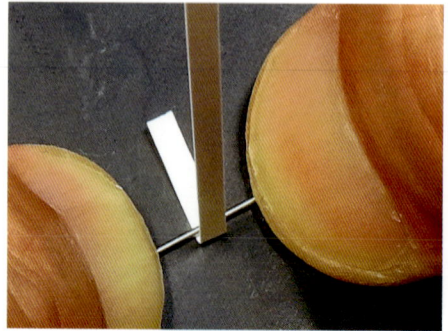

転がして曲げていく。

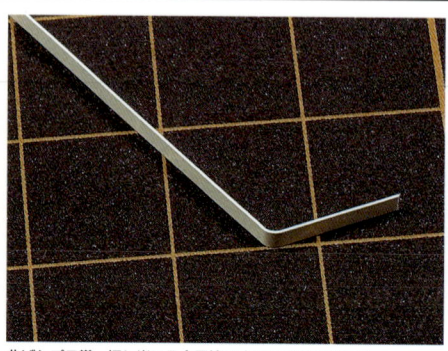

曲げたプラ帯。押し当てる金属棒の太さでRを調整する。

金属板に両面テープ（一般タイプ）で固定する。

プラ帯の曲げた部分を一つの角に当て、厚めのプラ板で押さえて仮固定。プラ帯の曲げる箇所に鉛筆などで印をつける。

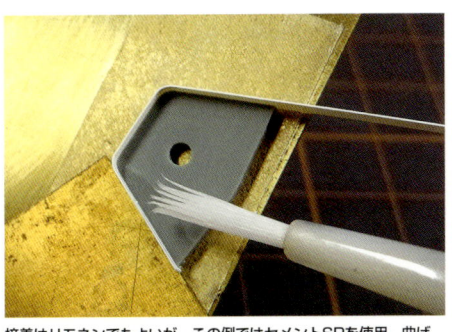
接着はリモネンでもよいが、この例ではセメントSPを使用。曲げグセがしっかりついていればセメントSPでも割れることはない。金属板で押さえているのはプラ帯とくっつかないようにするため。

プラ帯の接着完了

余端をオルファ「アートナイフ プロ」の平刃でカット。

ブルワークの再生終了。

続いて裏側の工作。セメントSPを表面にサッと塗るとモールドの跡が浮き出てくるので、これをガイドに再生していく。

ピッタリサイズのプラ棒があるとは限らない。時には調整が必要。

表面を整えるにはMr.ポリッシャーPROで。

断面も平らにする。

必要な長さを出して……

上）エッチングソーで切断。太いプラ棒は摩擦熱が発生しやすいので、少し水をつけながら行なう。下）カットしたプラ棒。

ベルマウスの作成法と同じ要領で切断面を整える。

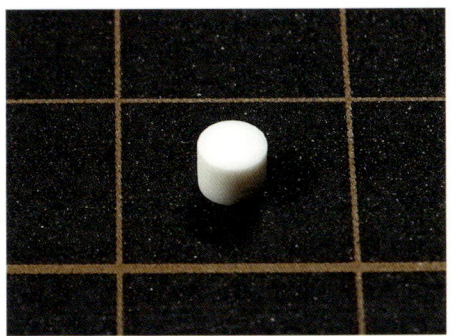
完成した支柱。

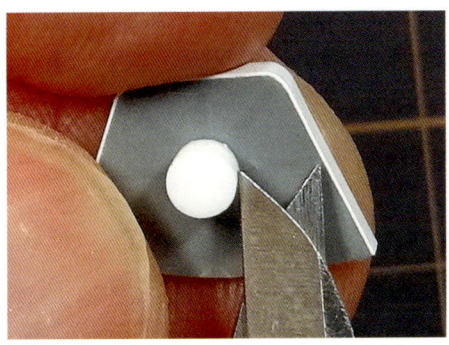
続いて三角プレートを取り付ける前に寸法をノギスで計測。計測方法その1。

計測方法その2。

使い古しのカッターマットから切り出したものを用意。取り回ししやすい。

計測した寸法に切り出したプラ板を一般タイプの両面テープでカッターマットに固定。平刃で対角線にカット。

カットしたプラ板。

タミヤの白フタとリモネン接着剤を混ぜ合わせたものを用意。リモネン接着剤はリターダー（硬化遅延剤）として使うことができる。

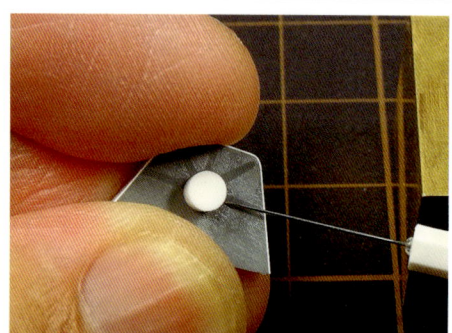
パーツ側に混合した接着剤を付ける。

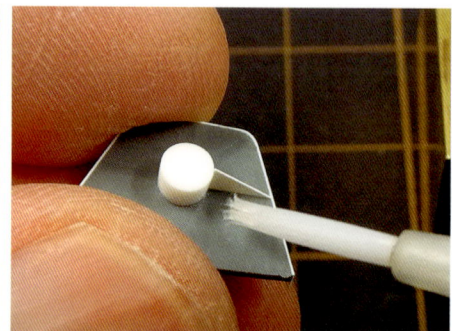
三角パーツ板を取り付け、位置が決まったらセメントSPで本固定。

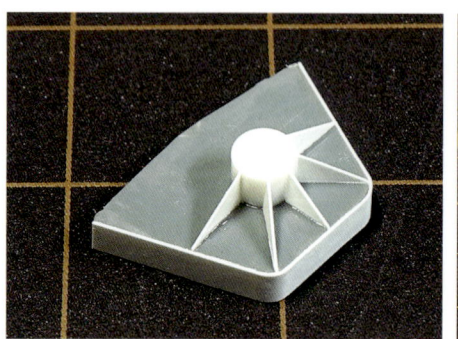
パーツの加工完了。

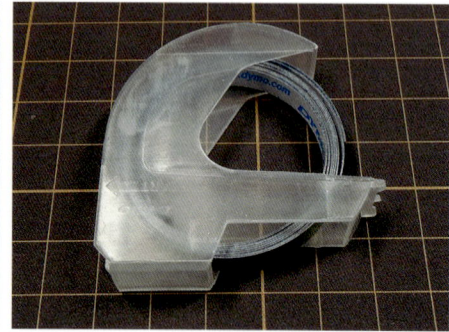
直角三角形を切り出すもう一つの方法として、ダイモテープを使用する

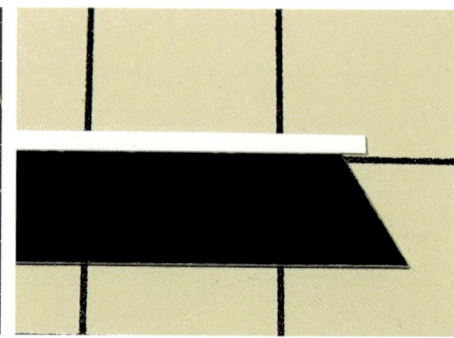
端を斜めにカットしたダイモテープをカッターマットに貼り、上にプラ帯を沿わせる。

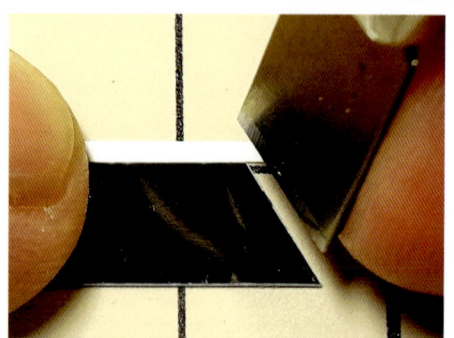
ダイモテープに平刃を合わせてプラ帯をカット。

直角三角形の斜辺の角度を一定にしたい場合に有効。

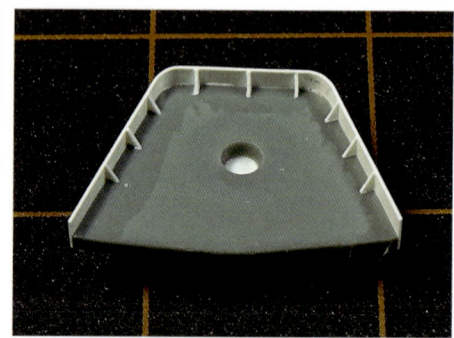
同じ三角形を多く作りたい場合にも有効。

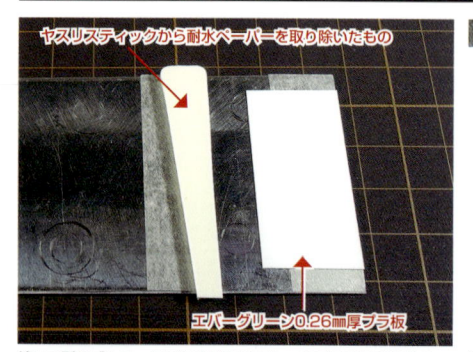
続いて別のブルワークの作成方法。0.26mm厚プラ板は弱粘着の、ヤスリスティックの中身のほうは強力タイプの両面テープで固定。

削り具合を確認しやすいようにプラ板の端を油性マジックで塗る。

ウェーブのヤスリスティックでプラ板の縁を斜めに削っていく。

時々均一に削れているか確認。作業は水をつけながら行なう。

縁を斜めに削ったプラ板。

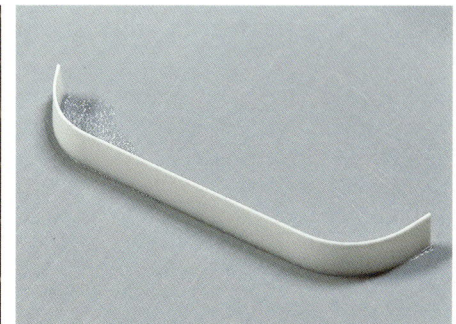

甲板に直付けされているタイプのブルワークに有効。

シックネスゲージ活用法

隙間の寸法を測るシックネスゲージ。模型製作ではあまり見かけない工具だが本来の使用方法以外にもさまざまな使い方がある

シックネスゲージは整備用工具の一つ。厚さの異なる多数の金属板で構成されている。

新品の状態では対象物を傷つけないように、プレートの縁に少し丸みがついており角は立っていない。

束ねた状態でヤスリを当てて角を立たせる。

モンキーラッタルのエッチングなど、コの字に曲げるパーツに有効。

赤城の飛行甲板裏側のエッチングでも使用した。複数枚組み合わせれば、カタパルトのエッチングなどを曲げるときにも使える。

耐水ペーパーを貼り付ければごく狭い部分でもヤスリがけができる。

貼り付けにはテープのりを使用すれば、厚みを最小限に抑えることができる。

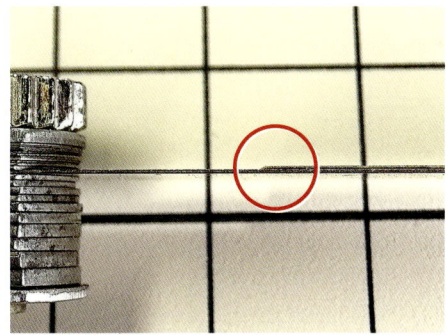

テープのりで耐水ペーパーを貼り付けたプレートを横から見たところ。薄さが確認できると思う。

大和の第2艦橋の窓枠部分を整えるのに、この方法を用いた。

キット純正の手すりのエッチングには取り付けるラインに合わせて曲げるための溝がついている。これを汎用のエッチングにも施すには……

シックネスゲージのこの部分を利用する。

ダイヤモンドヤスリで緑にギザギザにキズをつける。(なるべく粗いヤスリで)。

カッターマットに両面テープ（一般タイプ）で汎用のエッチング手すりを固定。

折り曲げたい部分を金属板で押さえ、シックネスゲージのキズをつけた部分を当て、10回程度往復させる。

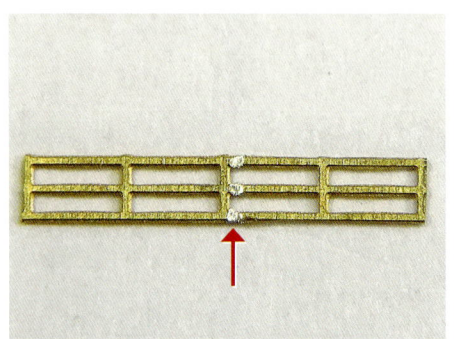
溝付け完了

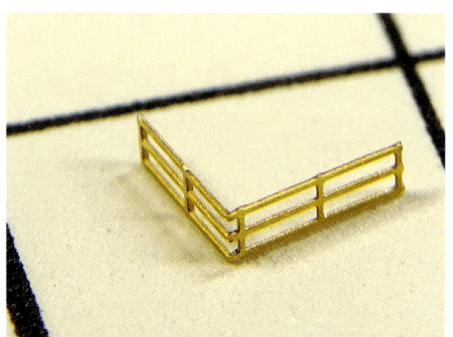
キット純正エッチングと同じように曲げることができた。

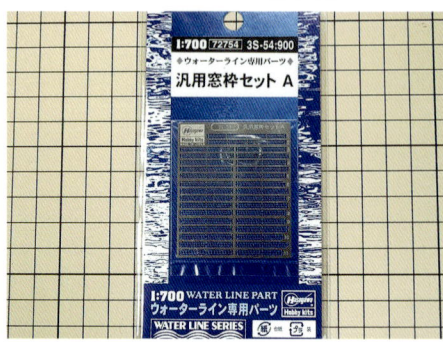
ステンレス製のエッチングの場合にはシックネスゲージを使用することができない

ステンレス製エッチングにはセラミックカッターの刃を使う。

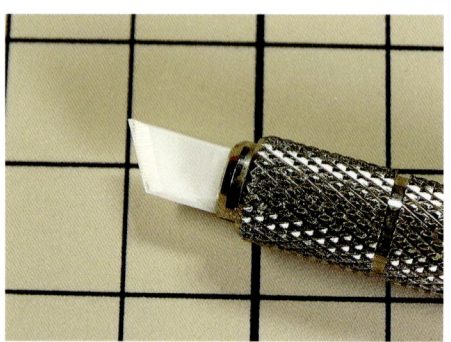
刃先を同じようにダイヤモンドヤスリでギザギザにする。写真ではスジボリ堂のセラフィニッシャー（旧製品）のホルダーに取り付けている。

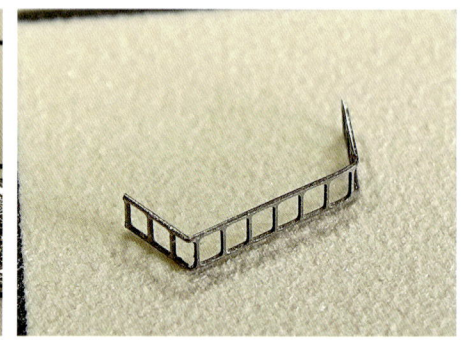
ステンレス製のエッチングでも問題なくキレイに曲げることができる。

滑り止め甲板の作成

鉄甲板表面に施された滑り止めモールド。エッチングパーツでも発売されているが加工のしやすいプラ材へと置き換える

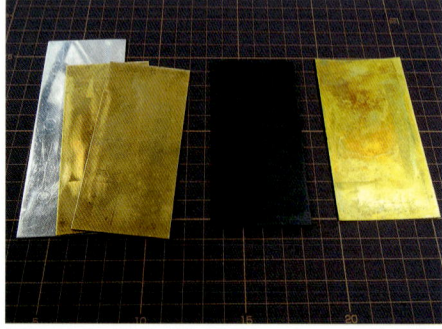
用意するもの：右から、滑り止めパターンのエッチング、耐熱ゴムシート、金属板。

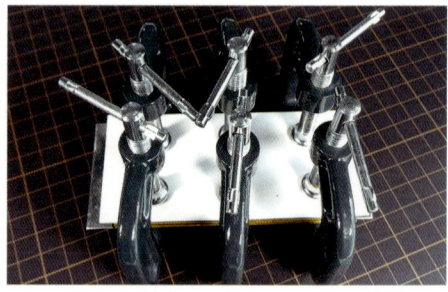
エッチングに0.05mm厚プラペーパーをのせ、その上に耐熱ゴムシートをのせる。これを金属板で挟み、クランプで固定。プラペーパーの表裏に中性洗剤を薄く塗っておく。熱湯に10秒ほど漬けて水で冷やす。（写真の白いものは厚紙）

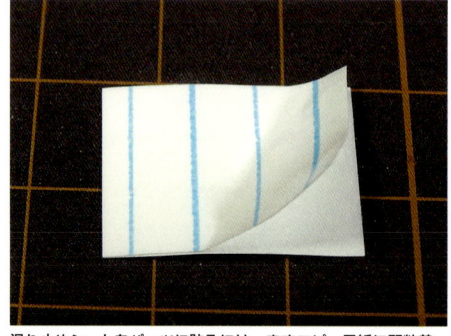
滑り止めパターンをコピーしたシート。熱湯に漬けすぎるとゴムシートに貼りついてしまうので注意。

滑り止めシートをパーツに貼るには、まずコピー用紙に弱粘着の両面テープを貼り、剥離紙を剥がして……

滑り止めシートの凸モールド側に貼りつける。

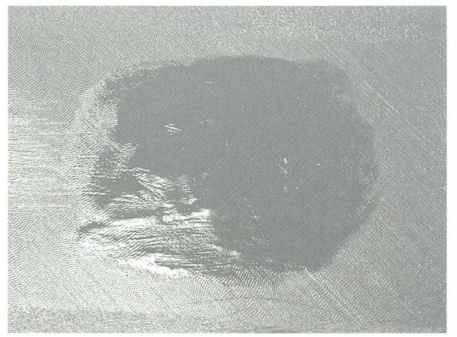

貼り付ける側のパーツに流し込みタイプのリモネン接着剤を付属のハケでなぞって表面を少し溶かすようにして塗る。

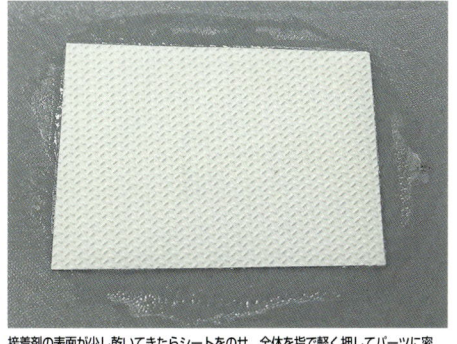

接着剤の表面が少し乾いてきたらシートをのせ、全体を指で軽く押してパーツに密着させる。接着剤が完全に乾いたら、上のコピー用紙を取り除いて貼り付け完了。

艦首甲板の工作

軍艦の艦首甲板はさまざまな艤装が集中しており目を引きやすい。流用しづらいパーツも多いが手を加えれば精密感がアップする

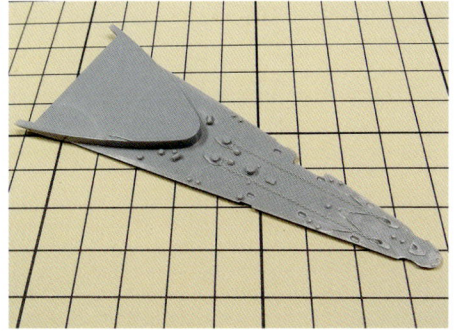

艦首甲板パーツの元の状態。工作前に真上から写真を撮影。その後、すべてのモールドを削り落とす。

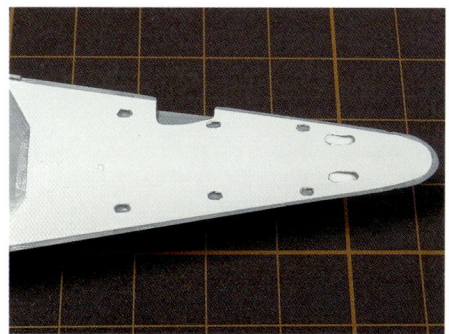

モールドを削り落として滑り止めシートを貼り付けた状態。

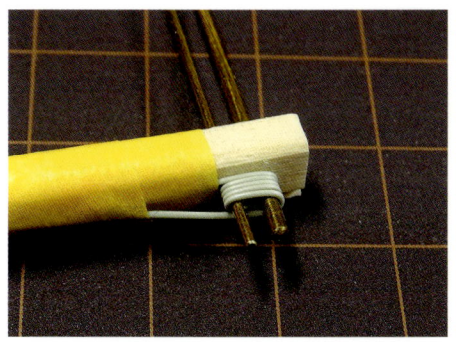

ホースパイプの縁の部分の作成。割りばしに穴を開けて径の異なる真鍮線を取り付け、伸ばしランナーを巻き付ける。これに熱湯をかけ、水で冷やして形状固定。

切り出して切断部を接着。瞬間接着剤で補強する。

金属板に両面テープで貼り、ウェーブのヤスリスティックで片面を平らに削る。

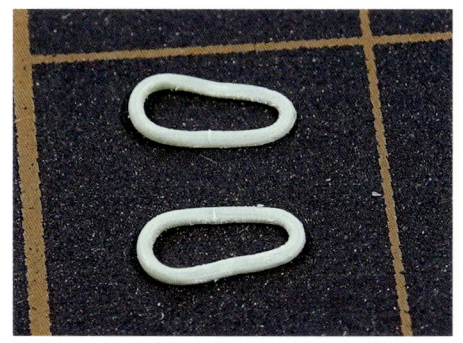

完成したパーツ。艦首側が少し薄くなるように作成している

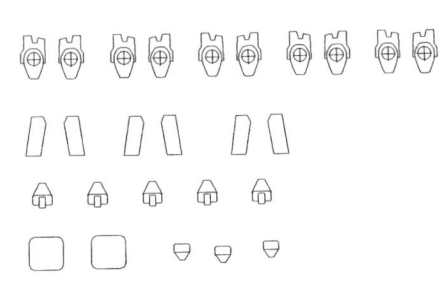

パーツをスキャンした画像をもとに作成した図。これをプリンタラベルに印刷して、プラ板に貼り付けて切り出す。

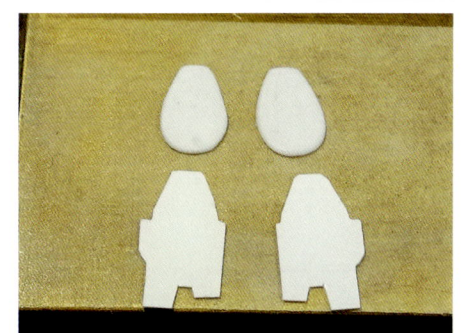

図をもとにプラ板から切り出して作成したパーツ。写真はケーブルホルダーの台座部分。

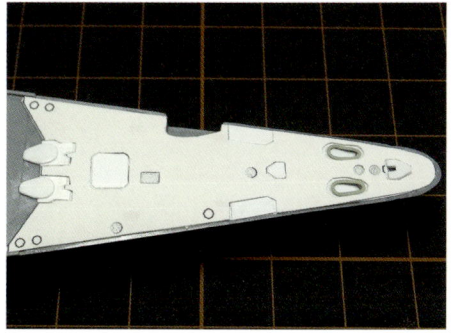

パソコンで作成したガイドをもとにパーツを取り付けているところ。

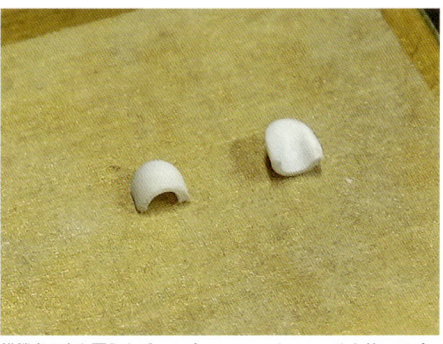

錨鎖庫の穴を覆うカバーのパーツ。モーターツールを使ってプラ棒を加工したもの。

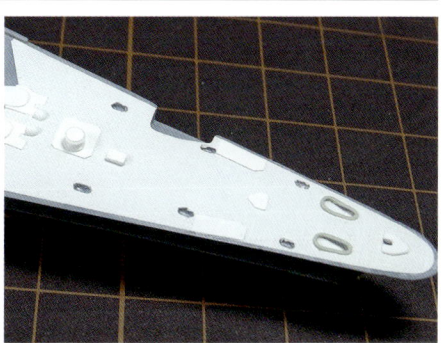

錨鎖甲板の主要部分を作り終えた状態。

アンカーチェーンの作成

アンカーチェーンは金属素材のものもあるが少し大ぶりでオーバースケール。そこでプラ素材で自作し置き換える方法を見てみよう

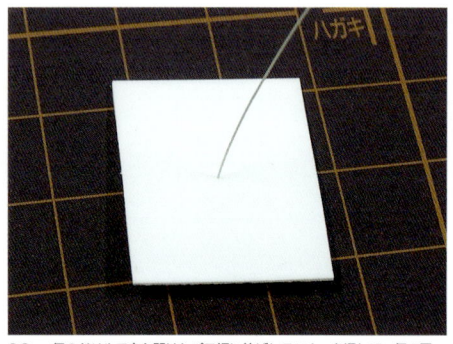

0.2mm径のドリルで穴を開けたプラ板に伸ばしランナーを通して、径の同じ部分のみを切り出す。伸ばしランナーはアカデミーのキットのランナー。

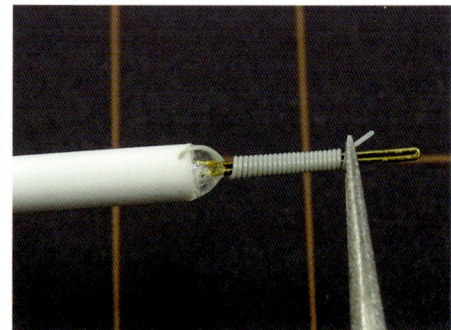

折り曲げて2本に束ねた0.3mm径の真鍮線に巻き付けて、熱湯をかけた後、水で冷やして形状を固定。

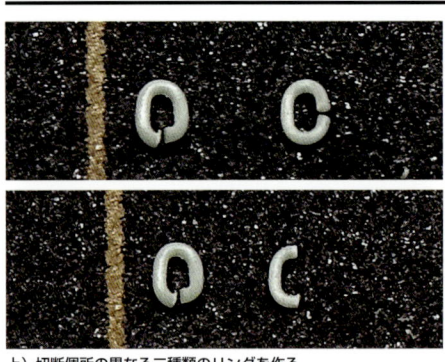

上）切断個所の異なる二種類のリングを作る。
下）右のものは半分より少し長めにカットする。

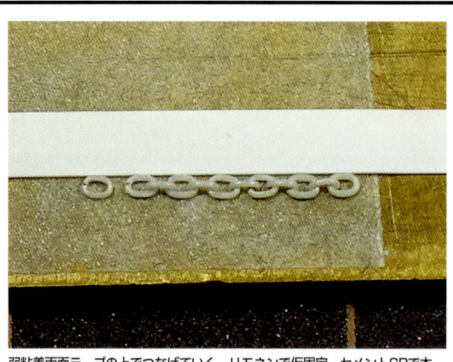

弱粘着両面テープの上でつないでいく。リモネンで仮固定、セメントSPで本固定。上はタミヤの曲線用マスキングテープ。厚みがあるので沿わせやすい。

完成したチェーン。多くの場合、直接甲板上でつないでいくが、接着剤で滑り止めシートのモールドがつぶれる恐れがあるので、赤城では別に作成した。

丸窓の庇の作成

舷側に並ぶ丸窓の上には庇が付属する。このような繊細なモールドもプラ材で作り直すことが可能だ

丸窓のサイズより0.1mm大きい径の金属棒に伸ばしランナーを巻き付ける。ここでは0.6mm径のドリルの軸を利用。熱湯をかけ、水で冷やして形状を固定する。

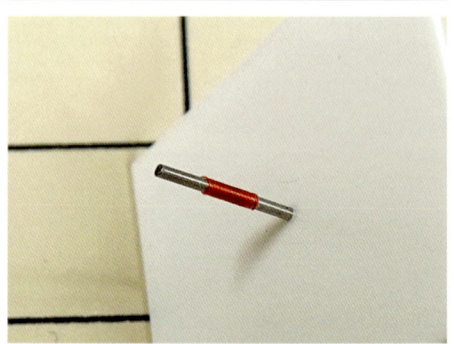

金属棒と同じ径の穴を開けたプラ板（あらかじめ用意しておく）に通して、コイル状になった伸ばしランナーを取り出す。

伸ばしランナーのコイルができた。

これを刃先の鋭いカッターの刃（30度）で切断する。

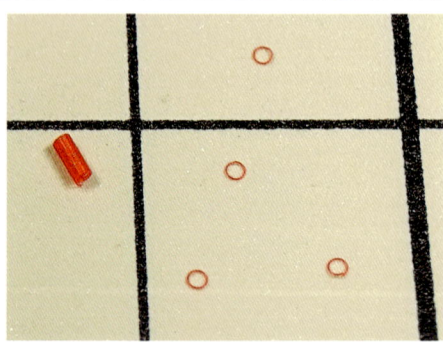

リング状の伸ばしランナーを切り出した。これを庇にするために半分にカットするが、切れ目がわかりにくい。

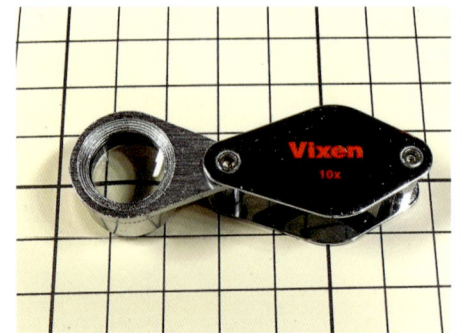

そこでこちらの10倍ルーペを使用する。

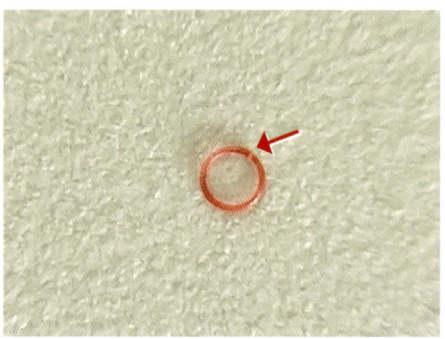

10倍ルーペで覗いたところ（矢印の部分に切れ目がある）。

出来上がった庇

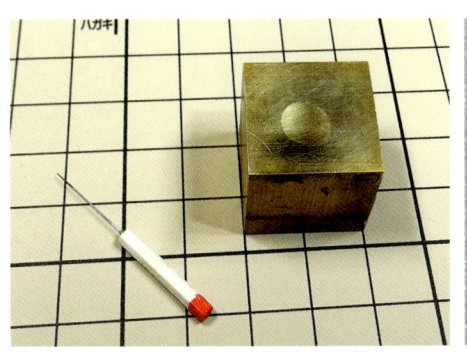
接着はリモネン接着剤で行なう。左は接着作業用に自作した道具。プラ棒にピアノ線を取り付けたもの。先端を細く加工している。

丸窓の穴の縁にリモネン接着剤をつけ、手早く庇をのせて位置を決め、セメントSPで固定。ここはスピード勝負。リモネン接着剤もこれだけ少量だとすぐに乾き始める。

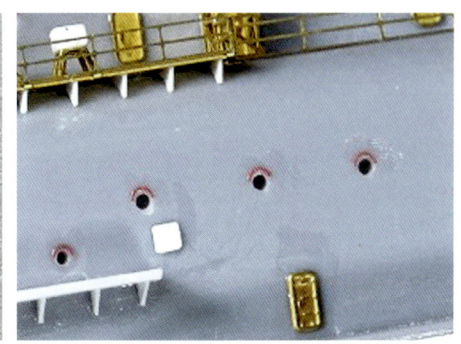
日本海軍艦艇の丸窓の庇は窓の縁に沿ってはいないので少し隙間を空けて接着する

ジャッキステーの工作

煙突などの周囲に張り巡らされたジャッキステーをエッチングパーツに置き換える際にはその固定方法に注意しよう

鎌倉模型工房の精密ジャッキステー。3種類のピッチがある。

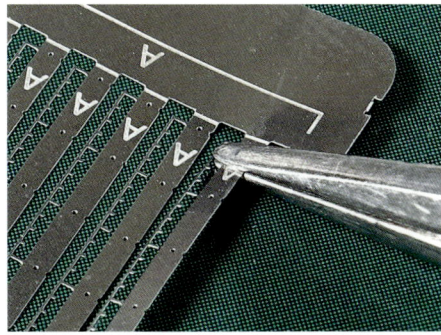
端の部分に溝が入っているので、ピンセットでつまんで数回上下に動かせば簡単に折れる。

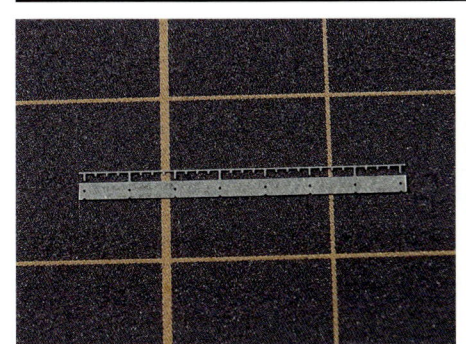
必要な長さ分、ガイドごと切ったほうが扱いやすい。

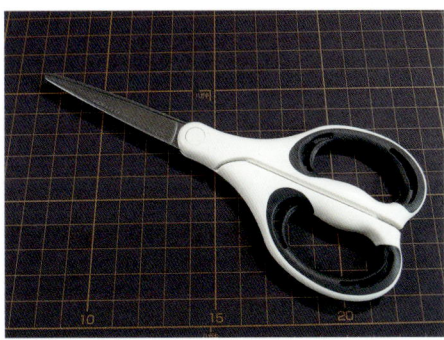
切り出しには普通の事務用のハサミを使用。金属切断用として使っている。エッチングメッシュの切断にも使用。

ゲートの付け根が少し太くなっている。ギリギリでカットすると穴に差し込めなくなってしまうので注意。

モールドを削り落としたあと、表面にセメントSPをサッと塗ると跡が浮き出てくるので、これをガイドにジャッキステーを取り付ける。

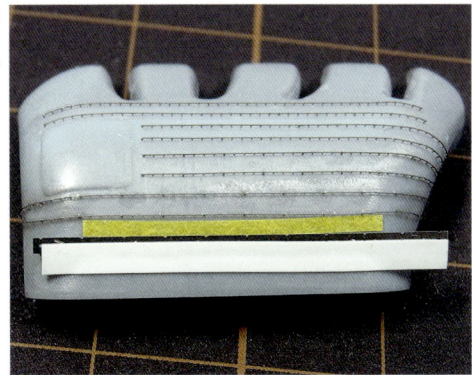

モールドの跡に合わせてマスキングテープを貼り、それに合わせてガイドを固定。白いテープはタミヤの曲線用マスキングテープ。

穴あけには基板用の0.1mm径のドリルを使用。とにかくすぐ折れるので消耗品と割り切ったほうがよい。

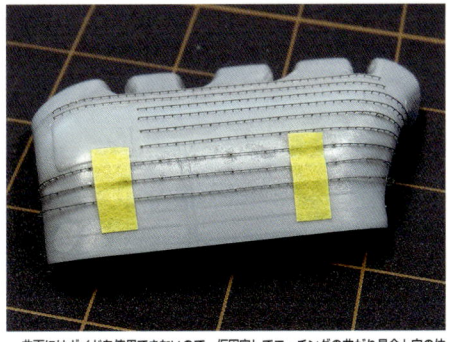
曲面にはガイドを使用できないので、仮固定してエッチングの曲がり具合と穴の位置を確認。取り外して穴開け。再び仮固定して曲がりと穴位置確認。これを繰り返す。

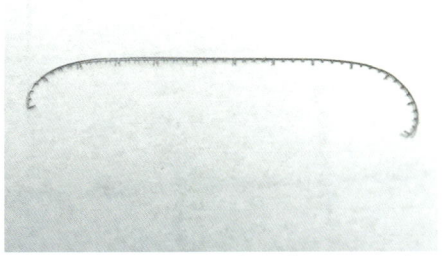
パーツに合わせて曲げたエッチング。穴の位置が0.1mmでもズレると歪むか差し込むことができなくなる非常にシビアなパーツである。

舷外電路の作成

船体の周囲に張り巡らされた舷外電路。個艦ごとにレイアウトが異なるためディテールにこだわるならこれらも作り直したい

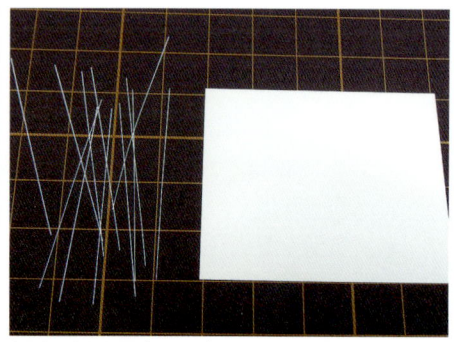

タミヤの0.05mm厚プラペーパーをオルファの「別たち」で細く切り出す。数多く切り出して幅のそろったものを選んで使用。

0.13mm厚プラ板を金属板に弱粘着両面テープで固定。両サイドに目盛を印刷したプリンタラベルを貼り、それをガイドにプラペーパーを貼り付けていく。

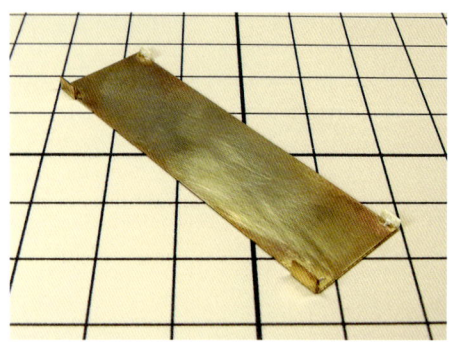

こちらは真鍮板で作成した、一定の幅にプラ板を切り出すための治具。

これをプラペーパーを等間隔に貼り付けたプラ板の縁にあて、反対側からステンレス製の定規をあてる。

定規をしっかり抑えたまま、治具をよける。定規の縁からはみ出ている部分をオルファの「別たち」でカット。

マストの作成

艦船模型のマストは必須のディテールアップポイント。金属素材に置き換えると強度もアップする

マストの基本となる「十字型」の作成。まずパーツの寸法を測る。

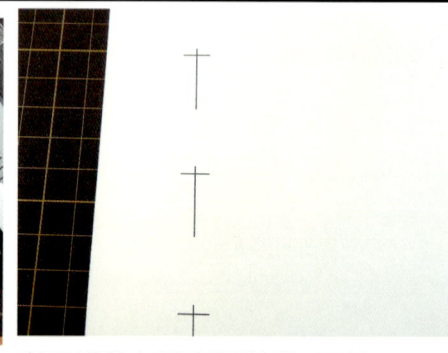

パソコンで計測した寸法で十字を描きプリントアウト。

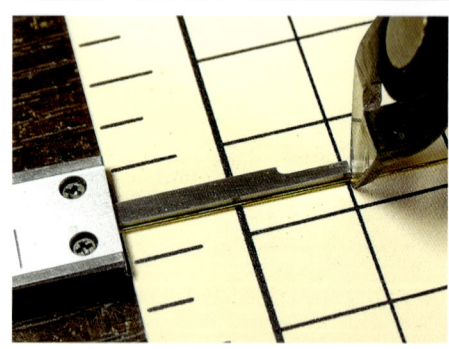

ノギスのデプスバーを使用して計測した長さに真鍮線を切り出す。

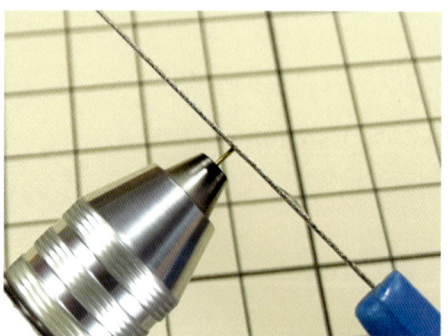

切断面はモーターツールを使用してダイヤモンドヤスリで整える。

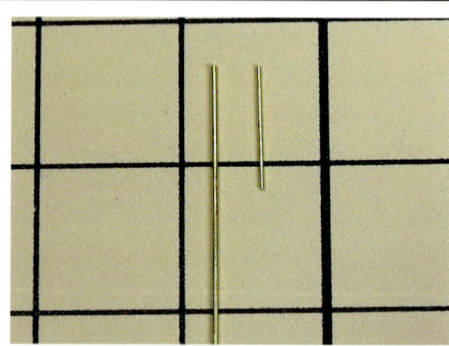

切り出した真鍮線（0.4mm径と0.3mm径）

カッターマットに十字を印刷した紙を両面テープで貼り付ける。

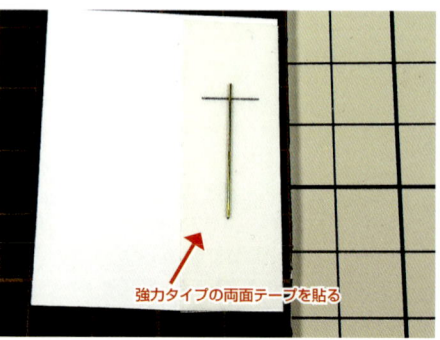

強力タイプの両面テープを貼る

上に強力タイプの両面テープを貼り、印刷した十字に合わせて真鍮線を置く。

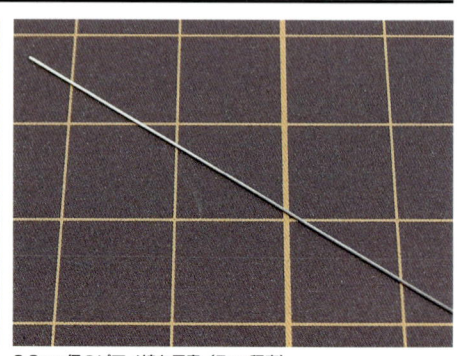

0.3mm径のピアノ線を用意（5cm程度）。

モーターツールに固定し、回転させながらダイヤモンドヤスリを当てて表面にキズをつける。

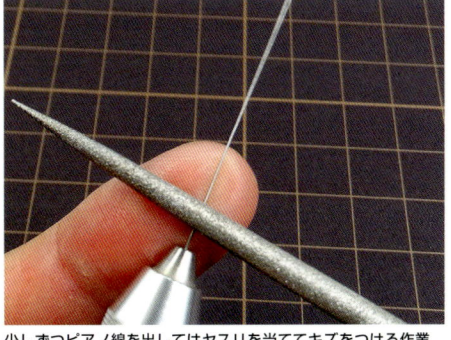

少しずつピアノ線を出してはヤスリを当ててキズをつける作業を繰り返す。全長の7割ぐらいにキズをつける。

端のキズをつけていない部分を折り曲げる。キズをつけた部分は曲げるとすぐに折れてしまうので注意。

拡大してみたところ。表面がざらざらになっている。

真鍮線が十字に交わる箇所にダイヤモンドヤスリで浅い溝をつける。

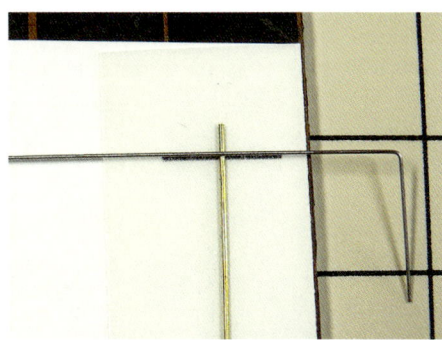

つけた溝に合わせて加工したピアノ線を置く

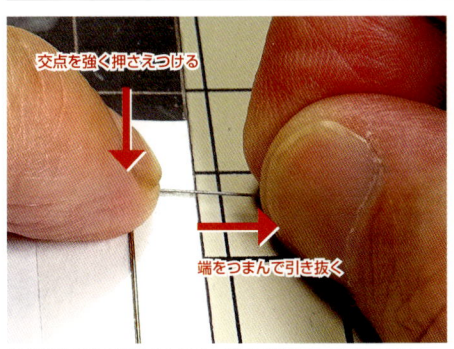

交点を指で強く押さえたまま、ピアノ線を真っすぐ引き抜く。この作業を数度繰り返す。

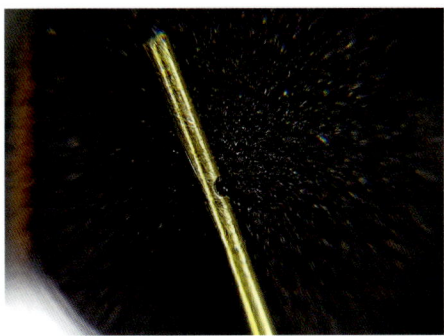

半円形の溝を彫ることができた。

十字を印刷した紙を取り替えて、今度は上に弱粘着の両面テープを貼る。

ヤードとなる真鍮線を図に合わせて置く。

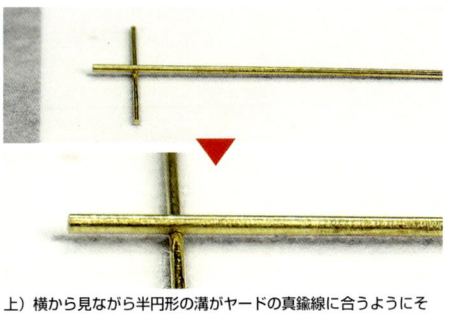

上）横から見ながら半円形の溝がヤードの真鍮線に合うようにそっと置く。
下）拡大した画像。溝がぴったり合っているのが確認できる。あとは伸ばしランナーで瞬間接着剤を流し込んで固定。

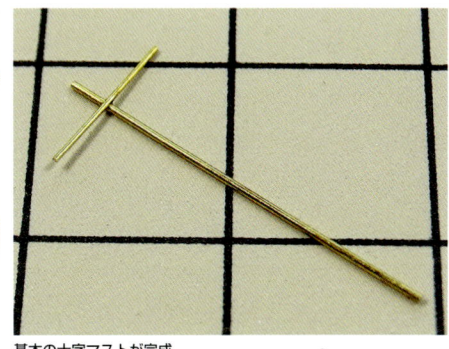

基本の十字マストが完成。

カッターの塗装・工作

グレーがメインの艦船模型の中にあってカッターは目立つポイントとなるため丁寧にきれいに塗り分けよう

ナノドレッドパーツのカッターを例に説明。まず初めに内側をタンで塗装。

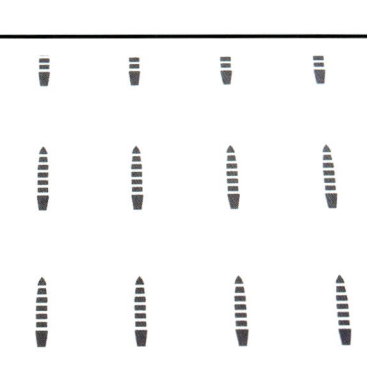

こちらはパソコンで作成したマスキング切り出し用の図。

小さいカッターマットにマスキングテープを貼り付ける。

上に図を印刷した紙をのせ、周囲をマスキングテープで止める。

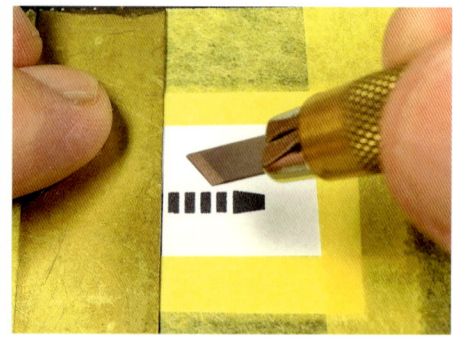
図に合わせてカッターの刃を入れ、下のマスキングテープをカットする。

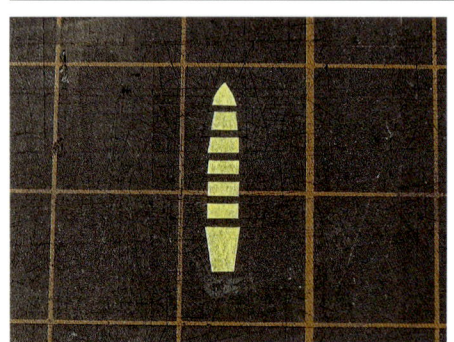
切り出したマスキングテープ。

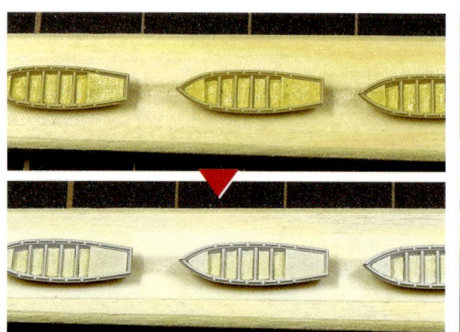
上）船底に切り出したマスキングテープを貼り付けたら……
下）今度は内側を白で塗装する。

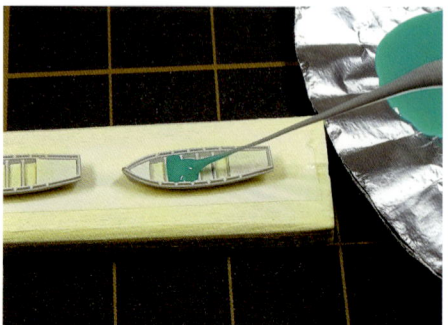
マスキングゾル改を流し込んでマスキング。伸ばしランナーで隅々に行き渡らせる。

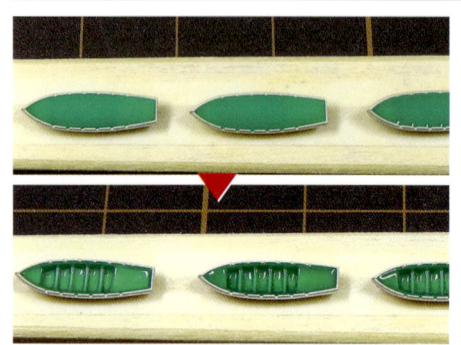
上）マスキングゾルの流し込み完了。急がず自然に乾燥させる。
下）マスキングゾルが乾いた状態。

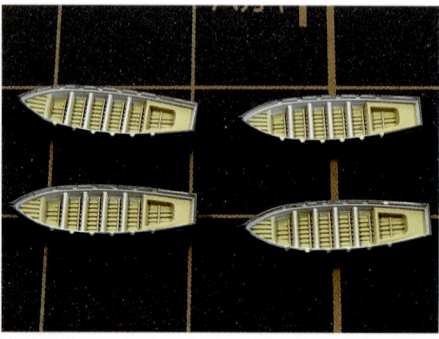
軍艦色を吹き、マスキングゾルとマスキングテープを取り除いたら塗装完了。

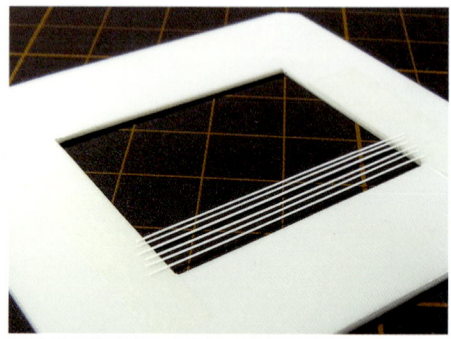
さらにひと手間加える。細切りした0.05mm厚プラペーパーを四角い穴を開けたプラ板に両面テープで固定してタンで塗装。

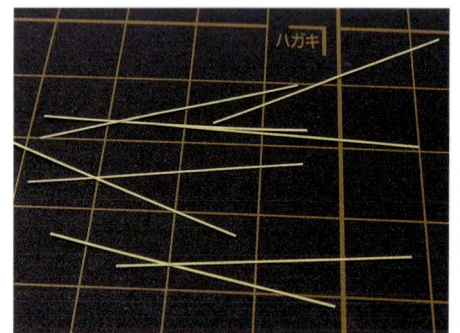
塗装した細切りプラペーパー。

これを腰掛けの部分に接着する（混合接着剤使用 P.46参照）。こうすることでよりシャープに見える。

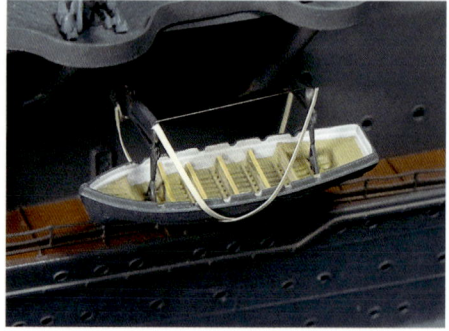
0.05mm厚プラペーパーはグライブバンドの表現にも有効。

機銃の塗分け

暗いグレー一色で塗装することが多い機銃だが丁寧に塗り分ければさらに精密感がアップする。複数の機銃をまとめて塗装する方法を紹介しよう

ナノドレッドパーツで説明。削って角を出した割り箸に両面テープで縁に合わせて固定。

つや消しブラックを銃身部分に吹き付ける。

上）ゴム系のマスキングゾル・ネオで銃身部分をマスキング。
下）マスキングゾル・ネオは乾いたら透明になる。

軍艦色で塗装。

好みで、ここでウォッシングを施す。エナメル塗料溶剤で希釈したタミヤのスミ入れ塗料グレイでウォッシング。

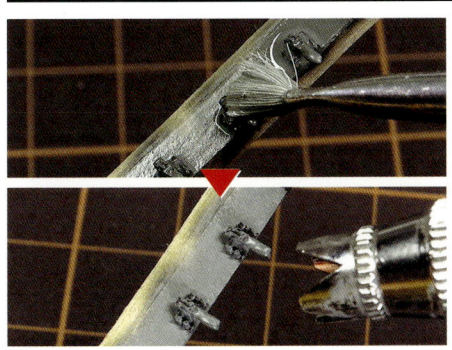

上）筆でたっぷりとつけ……
下）すぐにエアブラシのエアーで吹き飛ばす。こうすることで余計なツヤが出ない。

ウォッシングした状態。エナメル塗料溶剤はテープの粘着力を弱めるので、ウォッシングするときは強力タイプの両面テープで固定したほうが良い。

面相筆で弾倉をつや消しブラックに塗って完成

旗の作成

旗はデカールや紙などで表現されることが多い。風によってたなびいている様子を再現するにはどのような方法があるだろうか

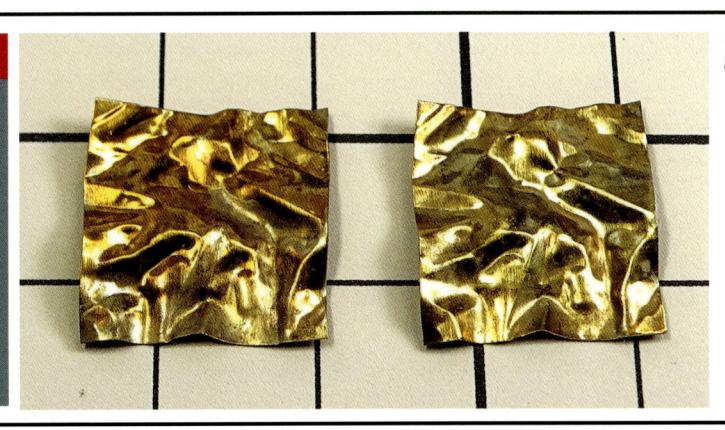

こちらは変形させた0.1mm厚の真鍮板。2枚は重なり合うようになっている。

同じ大きさの真鍮板を強力タイプのスティックのりで貼り合わせ、ゴムシートの上で金属棒を当てながらハンマーで叩いて凸凹に加工。ぬるま湯につけると糊が溶け出して剥がれる。

真鍮板がズレないように片側にマスキングテープを貼る。0.05mm厚プラペーパーを間に入れ、ピンセットで軽く挟む。熱湯をかけながら真鍮板を密着させていく。水をかけて形状を固定。

波打たせたプラペーパーにデカールを貼り、マークソフターで曲面になじませる。デカールによっては硬くてできないものもあるので注意。

木甲板の塗装

木甲板を板一枚ごとにマスキングしランダムに塗り分ける場合、同じ色が隣り合わないようにしたい。どのようにすればいいのだろうか

写真はフジミの飛龍の飛行甲板。板の長さが約15mmで、三分の一ずつズレた状態でモールドされている。

図で表すとこのようなパターン。このパターンでランダムに塗り分けたい。

最低3色で同じ色が隣り合わないようにできるが、これではあまりにも規則的すぎて味気ない。

そこで写真のようなランダムに塗り分けるためのガイドを作成した。

甲板パーツの画像では小さくてわかりにくいので、5mm間隔でスジを入れたプラ板で説明。写真は1色目のカラーを塗った状態とする。

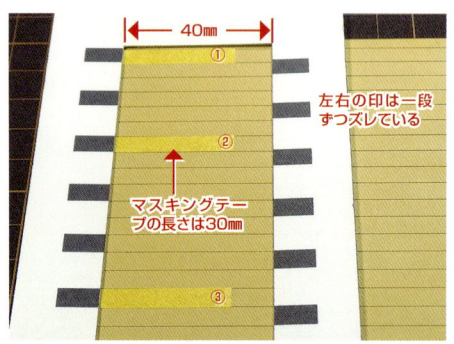

まずガイドの左側を開始位置（後端の鉄甲板との境目など）に合わせ、左の印のある位置にテープを貼る。全てには貼らない。(次に貼る場所がなくなる)

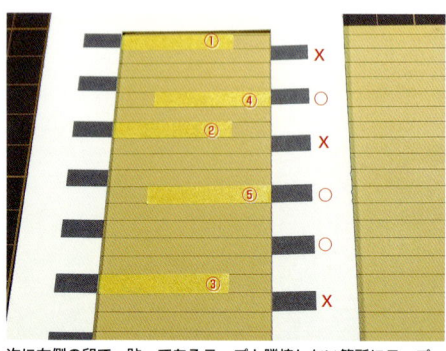

次に右側の印で、貼ってあるテープと隣接しない箇所にテープを貼る。

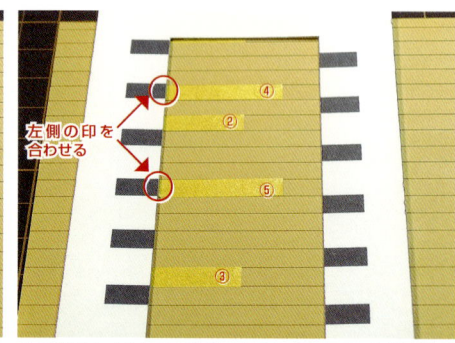

ガイドを右にずらして、前に貼ったテープ（④、⑤）の左端をガイドの左側の印に合わせる。

右側の印で、既に貼ったテープと隣接しない箇所にテープを貼る。

ふたたびガイドを右にずらして左側の印を合わせる（⑥、⑦の左端）

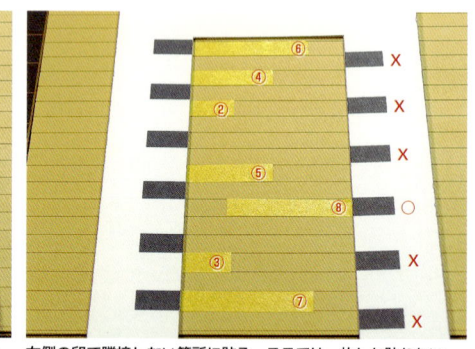

右側の印で隣接しない箇所に貼る。ここでは一枚しか貼れない。同じ列に多く貼ると次に影響し、偏りが出る。

.同じように、ガイドをずらしては隣接しないようにテープを貼る作業を繰り返す。

一回目のマスキング作業を終えた状態。2色目を塗り、ふたたびマスキングを行なう。

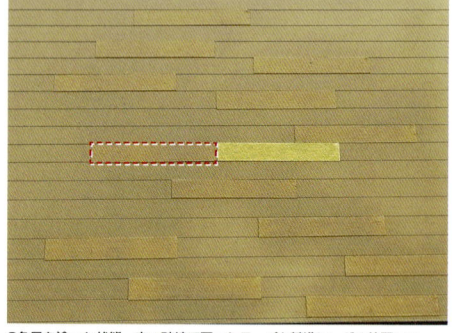

2色目を塗った状態。赤い破線で囲ったテープを基準に、どの位置にテープを貼っていくか説明する。まずは左右の隣接した位置に貼るパターン。

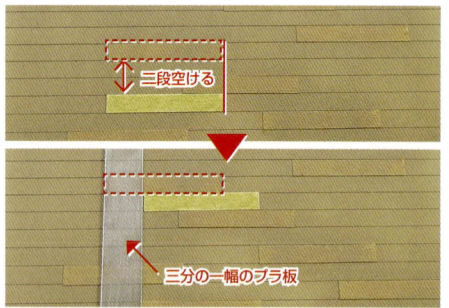

上）同じ縦の列で二段あけて下に貼るパターン
下）三分の一右にずらして下に貼るパターン。他にもあるが、左から右へと作業するにはこの三つで十分。

マスキングテープを15mm間隔で切り出すためのガイド。線を印刷した紙に透明プラ板をかぶせたもの。

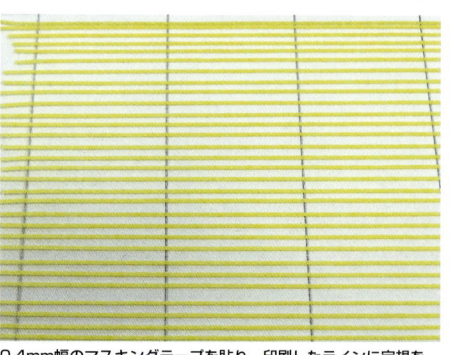

0.4mm幅のマスキングテープを貼り、印刷したラインに定規を合わせてカット。一度に大量に切り出すことができる。

ウェザリング、スミ入れ

艦船模型のウェザリングはスケール感を大事にしたい。薄く希釈したウェザリング用塗料を使い微妙な濃淡をつける

ウォッシングしていない状態。

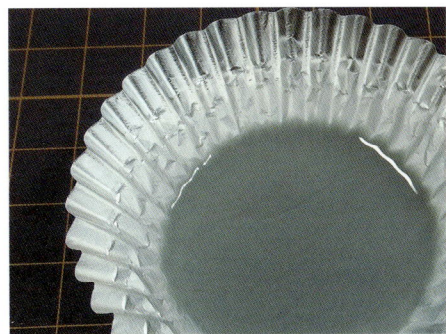

タミヤのスミ入れ塗料グレイをエナメル塗料溶剤で希釈してウォッシング。

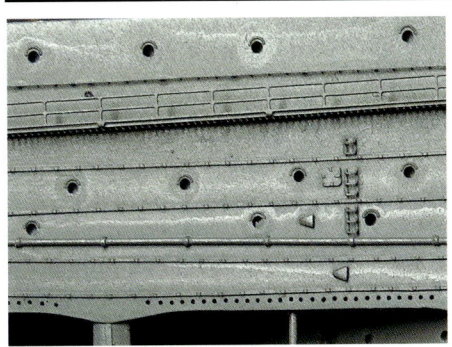

波模様のツヤが出た場合、エアーを吹きかけながらMr.ウェザリングカラー用薄め液をつけた筆でなぞればある程度消せる。消えない箇所はつや消しクリアーを吹く。

油絵具でウェザリング。AFVなどは上から下が基本だが、喫水線付近が一番荒れる艦船の場合は逆に行ったほうが自然に見える。(※あくまで筆者の個人的意見)。

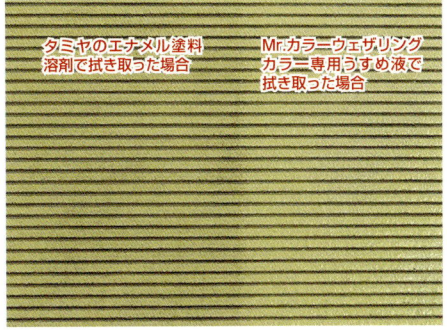

溶剤の違いによるスミ入れふき取り後の変化。スミ入れはエナメル塗料でおこなった。

白線の塗装

空母の飛行甲板などに描かれた白線。デカールも付属しているが塗装で仕上げたほうが美しい仕上がりとなる

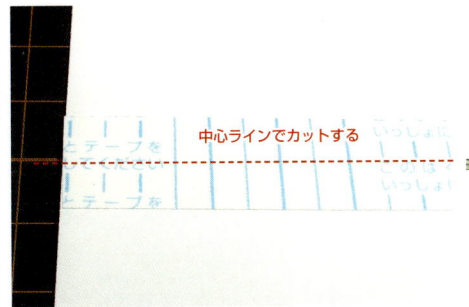

マスキングテープは少なからず伸縮性があり、まっすぐ貼ろうとしても曲がってしまうことがある。そこでコピー用紙に弱粘着の両面テープを貼り、テープの中心のラインでカットする。

飛行甲板に、白線の太さの隙間をあけて貼る。赤城では板のモールド二枚分あけて塗装した。

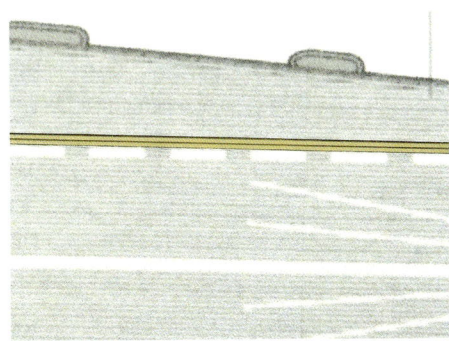

破線部分は、説明書からスキャンした図を拡大印刷した紙を同じ要領で貼り……

破線の印刷に合わせてマスキングテープを貼って塗装した。

艦尾の「ア」はポスト・イットのラベルシールを使った。付箋紙と同じような粘着力で扱いやすい。

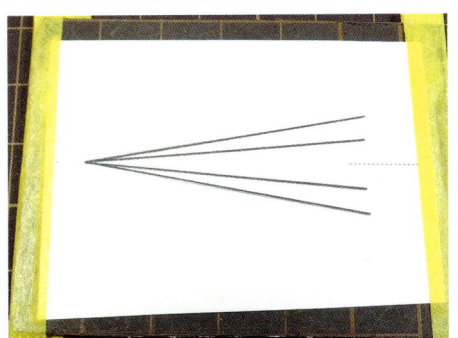

風向標識も同じくポスト・イットのラベルシールを使用した。

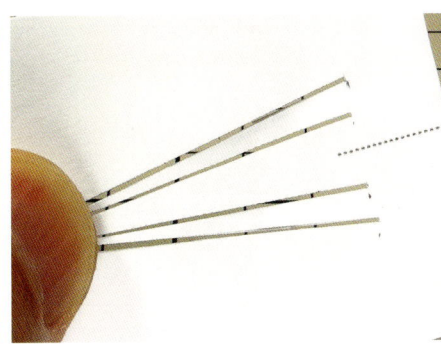

カットしたラベルシール。

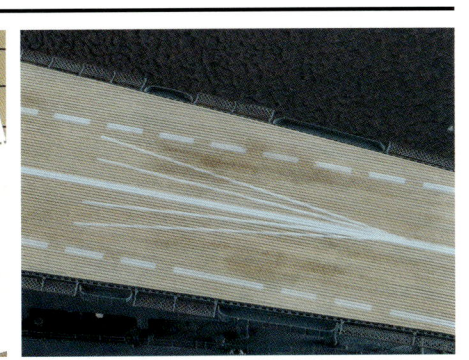

マスキングのカットは少々難しいが、1本ずつ塗り分けるのとは違い、塗り重なりが少ないので自然に仕上がる。

手すりと キャンバス表現

精密感を増す手すりだがきれいに接着することができなければ台無しだ。金属パーツを使う際の接着剤の使い方をご紹介

こちらのプラ板で説明。

タミヤの白フタとリモネンの混合接着剤を手すりのエッチングにつけ……

パーツにのせる。

位置合わせをして、決まったらセメントSPを流し込んでリモネンの成分を一緒に揮発させる。仮固定した状態。

伸ばしランナーで瞬間接着剤を流し込んで固定。

ティッシュペーパーに瞬着硬化スプレーを吹き……

その上にパーツを近づけておけば、短時間で硬化させることができ効率アップ。カバーをかぶせておくとなお良い。

筆者は、この段階でMr.メタルプライマー（旧製品）を塗布している。現行のMr.メタルプライマー改でもラッカー塗料薄め液で希釈すれば筆で塗れるが、ムラは出やすい。

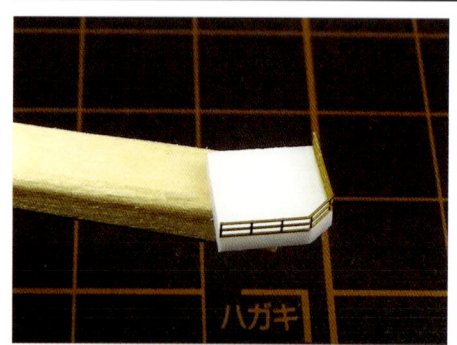
筆者は、小パーツの塗装の際、割り箸に両面テープで貼り付けて行なっている。

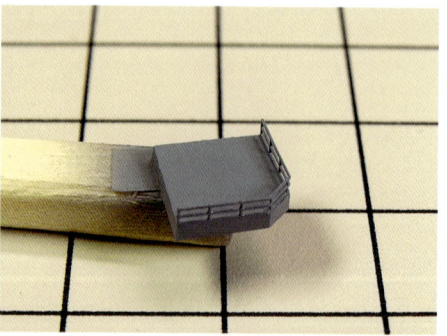
軍艦色を塗装した状態。続いて手すりのキャンバス表現を行なう。

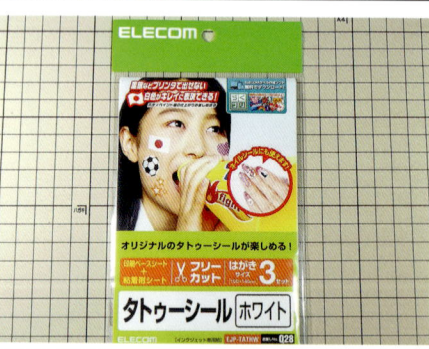
こちらのインクジェットプリンタ用のシールを使用する（下地はホワイト）。他のメーカーからも同様の商品が出ている。

印刷ベースシート（右）と粘着剤シート（左）で構成されている。

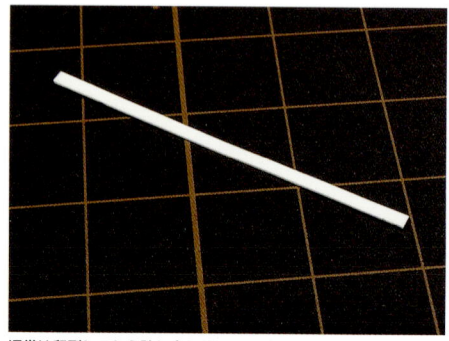
通常は印刷してから貼り合わせるものだが、そのまま2種類のシートを貼り合わせ、手すりの高さにカットする。

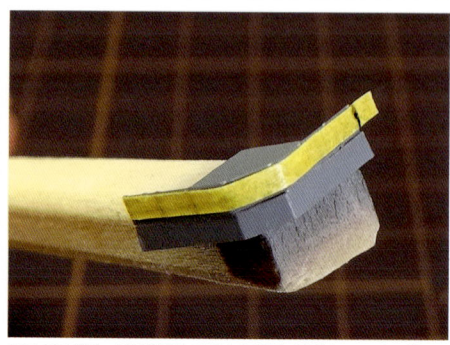
マスキングテープで手すりの長さを計測。事前にエッチングの長さを測っておけば、この作業は必要ない。

測ったマスキングテープに合わせてシートをカットする。

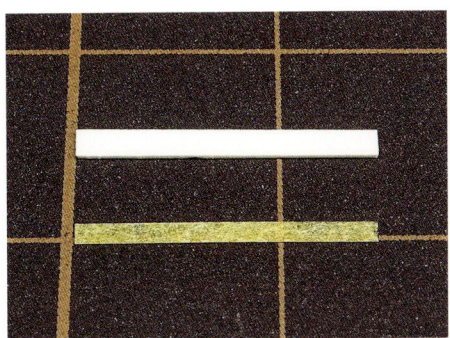

カットしたシート。

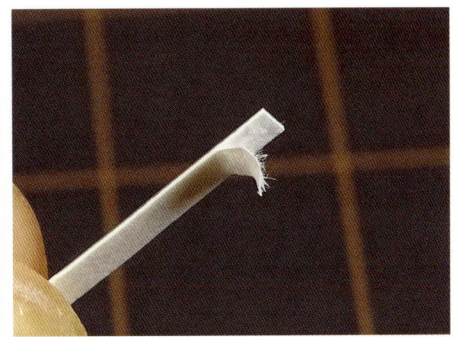

台紙が厚く、そのままでは扱いづらいので、カッターの刃先で少しはがして薄くしておく。

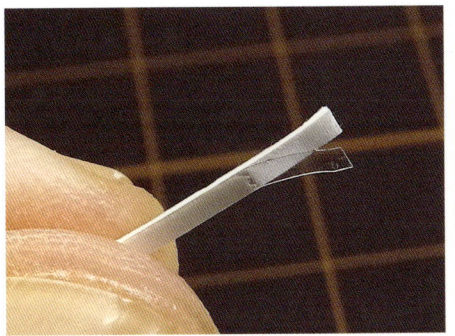

粘着剤がついた側の透明シートを剥がして……

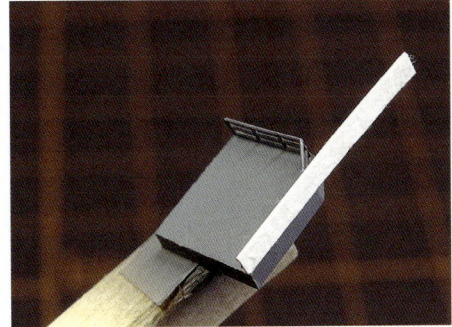

手すりに貼り付ける。

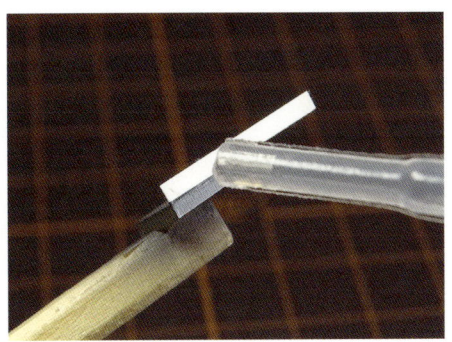

台紙部分にスポイトで水をしみこませると……

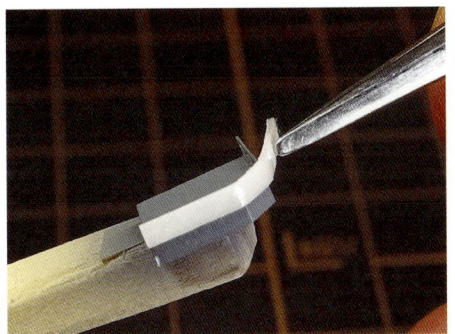

すぐにしんなりしてくるので、ピンセットで手すりに沿わせて貼り付ける。

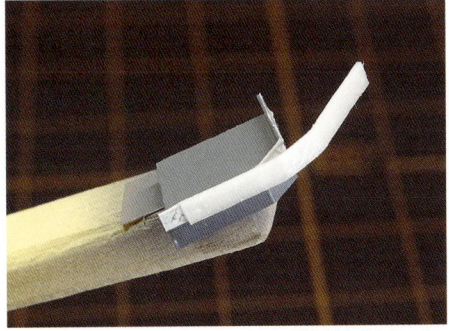

水溶性の糊が溶けて台紙がはがれてくる。時間はあまりないので手早く処理。

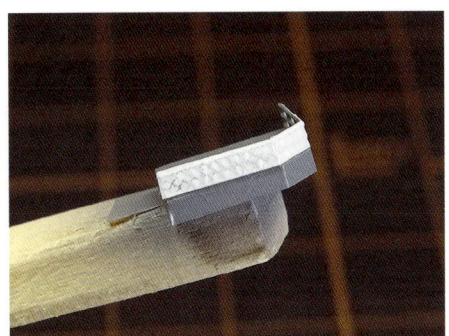

シールを貼り終えた状態。

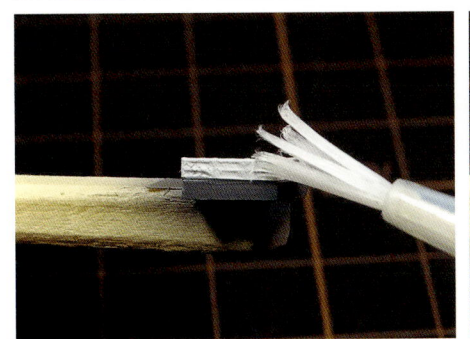

表面にMr.メタルプライマー(旧製品)を塗る。現行のメタルプライマーでも薄め液で希釈すれば塗れるが、ムラは出やすい。

面相筆でキャンバスを塗装。

エナメル塗料のバフでウェザリングした状態。

副砲パーツの加工と整形

赤城の副砲のような複雑な形状のパーツからパーティングラインを消して表面を整える方法を紹介する

このタイプのパーツにつきもののパーティングライン。

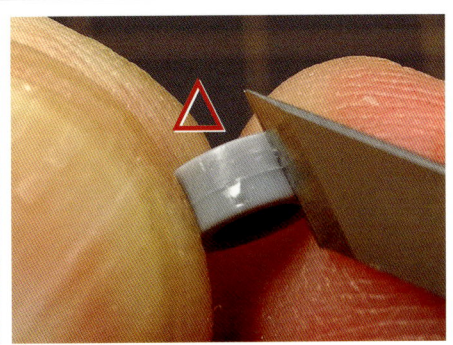

⚠ カッター刃での修正は面をゆがめる可能性があるため、あまりお勧めできない。

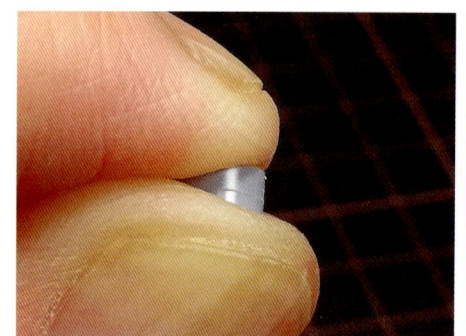
ここは、上下からしっかりパーツをつまんで……

スジボリ堂のマジックヤスリ（600番）を当てたほうがスムーズにパーティングラインを消せる。

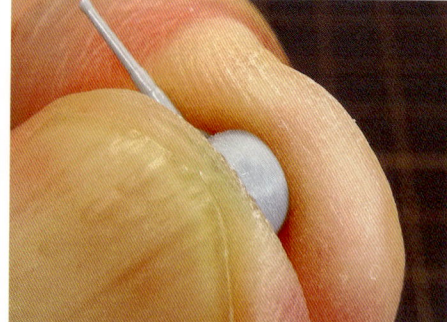
パーティングラインは取り除くことができたが、まだ表面に細かいキズがついた状態。

そこで、割り箸に目の細かいスポンジヤスリを貼り付けたものを用意。

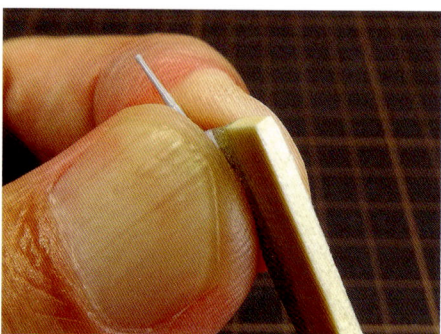
これを使って表面を仕上げる。

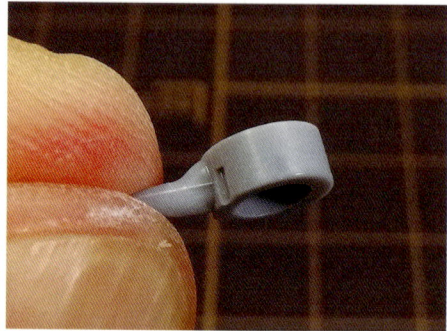
シールド部分の修正完了。

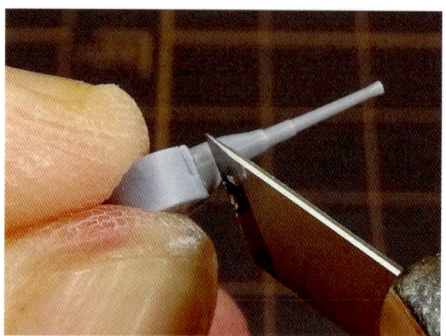
防水キャンバス部分はある程度カッター刃でパーティングラインを削り落としてから……

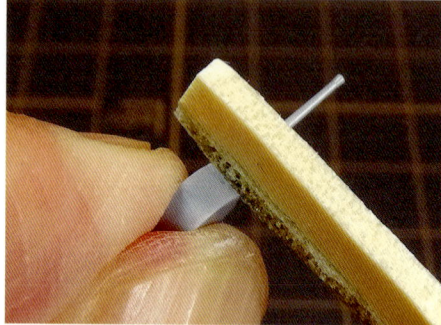
スポンジヤスリで整える。

続いて防水キャンバスの長さを修正。カッターマットに両面テープで砲身を固定。ノギスを使って切りたい長さの位置に印をつける（上下2箇所）。

オルファの「別たち」の刃の両端を印に合わせ、カットする。

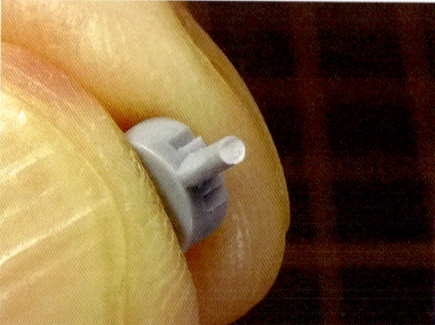
カットした状態。このままでは金属砲身との段差が大きいので……

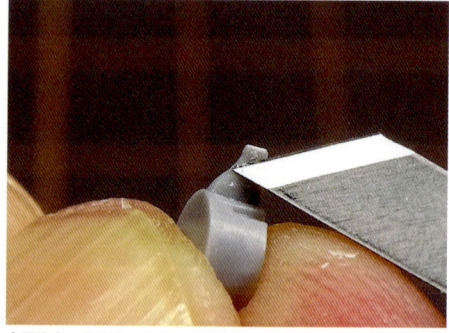
金属砲身と自然につながるようにカッターで削っていく。

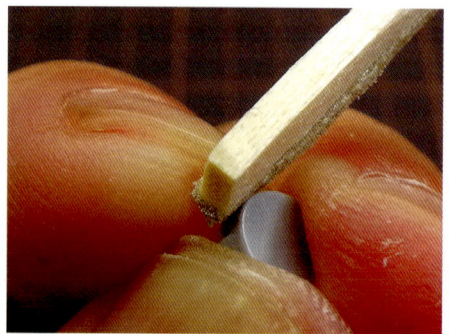
金属砲身とつながる断面の縁が丸まらないように指で押さえながらスポンジヤスリで表面を整える。

切断面を垂直に整えるには……

幅広のピンセットで挟み、防水キャンバスの部分を一方の側にあてて動かないようにする。矢印の方向に動かす時だけヤスリをあてる。

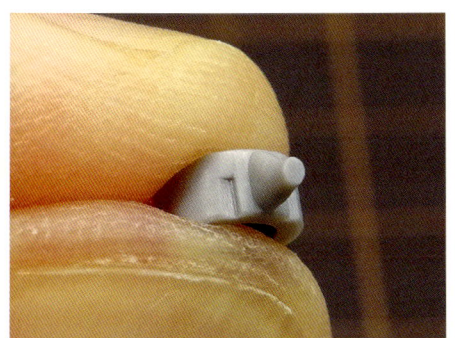
キャンバス部分の修正完了。

Mr.バイスのヘッド部分を取り外して利用する方法もある。もともと挟むための部分ではないので、滑らないように両面テープを貼ってパーツを挟み込む。

P.44のスポンソンのモールド修正方法と同様、カッターマットに貼り付けた金属板に沿わせて切断面を整える。

空中線の張り方

空中線はメタルリギングなどの金属線を使うケースが多いが、その接着はどのような手順できれいに貼れるのか！？

こおではモデルカステンのメタルリギングを使用して空中線を張る方法をご紹介。使用したのは直径0.06mmの0.1号。

タミヤの白フタとリモネンの混合接着剤を使用。白フタの割合は少なめで。

メタルリギングの両端に混合接着剤をつけ……

接着箇所にそっとのせ、はみ出るようであれば外して微調整を行なう。乾くまで時間の猶予があるので、たるみを調整することができる。

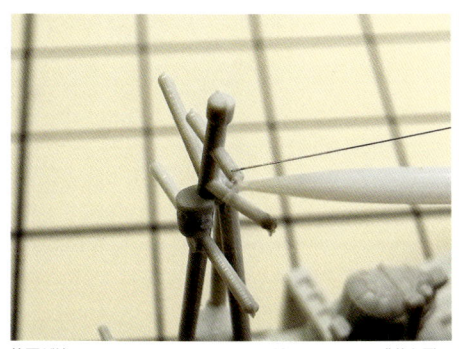
位置が決まったらセメントSPをサッと塗り、リモネン成分を飛ばす。

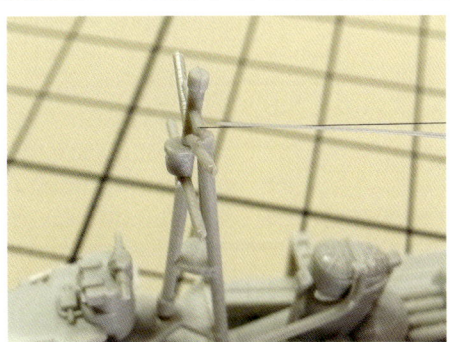
瞬間接着剤で固定。

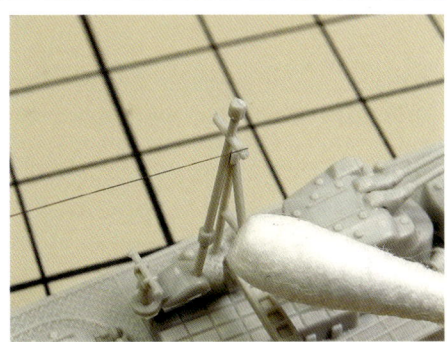
瞬着硬化スプレーをしみこませた綿棒を近づけると、より早く硬化させることができる。

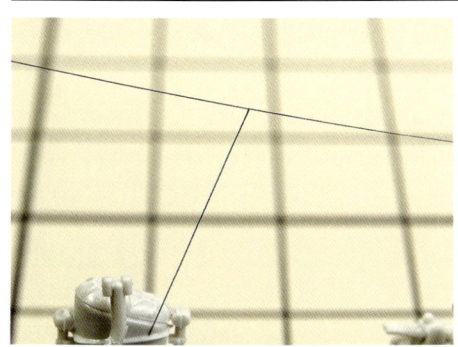
横に張った空中線にピッタリと縦の空中線を張るには……

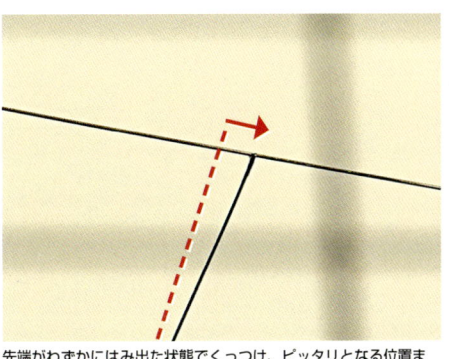
先端がわずかにはみ出た状態でくっつけ、ピッタリとなる位置までそ〜っとずらしていく。白フタを混ぜる割合はさらに少なめで。

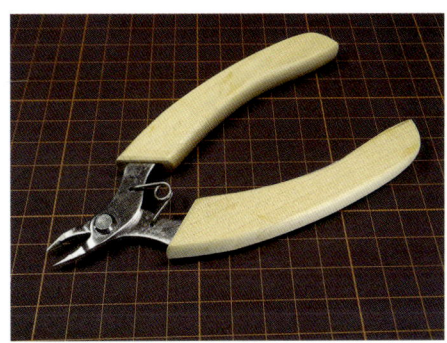
メタルリギングの長さの微調整にはシモムラアレックのイノーブを使用。

真鍮線にテーパーをつける

金属線はプラパーツに比べて丈夫だが加工は難しい。ここではマストや砲身などに応用できる真鍮線の加工方法を紹介しよう

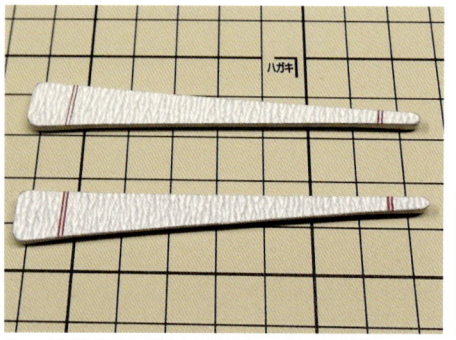

ウェーブの小さいサイズのヤスリスティックを二つ用意。

重ねた状態で端をクリップで挟む。

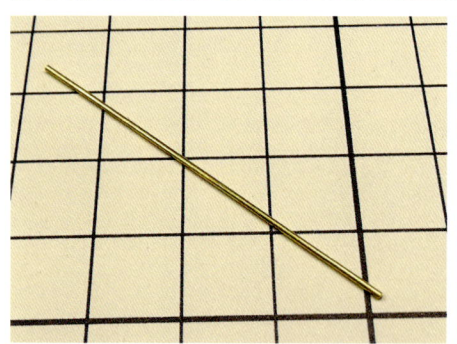

0.8mm径の真鍮線。これにテーパーをつけてみる。

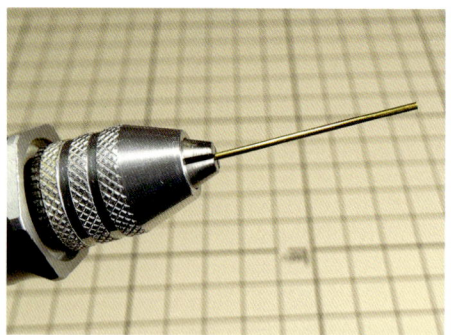

モーターツールに真鍮線を固定。後から切断と断面の整形を考えて、作成する長さより少し長めに出しておく。

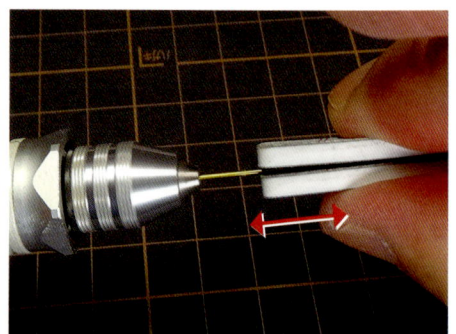

真鍮線をヤスリスティックで挟んで矢印の方向に往復させる。必ず水をつけて作業を行う。

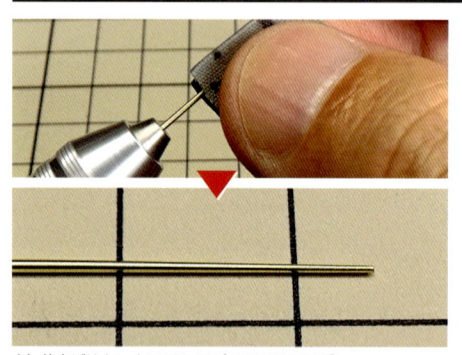

上）仕上げはクレオスのMr.ラプロスで（4000番）
下）キレイにテーパーをつけることができた。

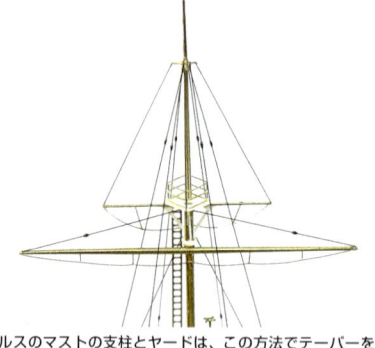

レバルスのマストの支柱とヤードは、この方法でテーパーをつけている。

小口径の金属砲身なら自作することも可能。ウェーブの真鍮パイプは肉厚なのでテーパーをつけることができる。

プラ板に等間隔に穴を空ける

いちいち定規などで位置を測定しマーキングしなくてもプラ板に等間隔に穴を空ける方法はある。手軽な方法を紹介しよう

こちらのエッチングソーを使用した例を紹介する。

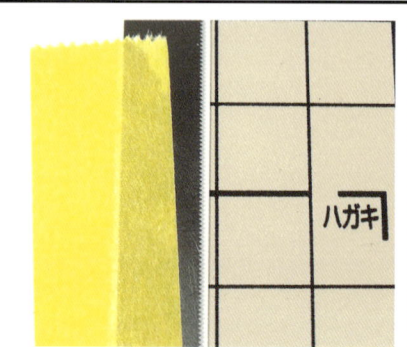

ズレないようにプラ板にマスキングテープで固定する。

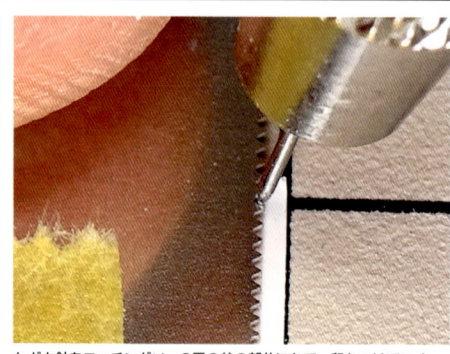

ケガキ針をエッチングソーの刃の谷の部分にあて、印をつけていく。一つおき、二つおきとすることで穴の間隔を変えることができる。

0.4mm径以上の穴をあける場合は、先に0.3mm径のドリルで穴をあけておく。上の列は一つおきに印をつけて穴をあけている。

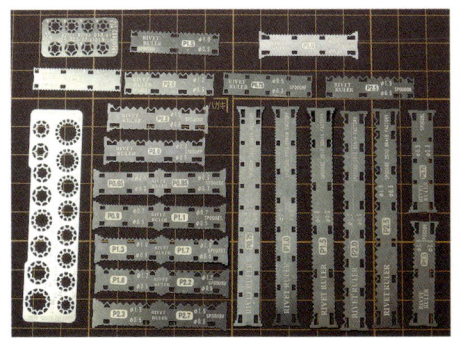
こちらはヒートペン用のオプションとして販売されているリベット定規。

さまざまなピッチが用意されており、持っていると重宝する。

ステンレス製のエッチングメッシュを利用するという方法もある。

艦上機の製作

艦上機の窓枠はエッチングパーツに置き換えるというディテールアップが主流だがここはあえて塗装で窓枠を塗るという方法について解説しよう

カジカの艦載機パーツを例に説明。コクピット内部をコクピット色で塗装してから風防のクリアパーツを接着。

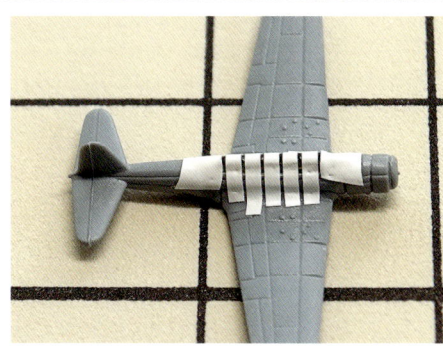
風防のフレームを塗装で表現するため、ハセガワのフィニッシュシートを使ってマスキング。塗装剥がれ防止のためにMr.メタルプライマー（旧製品）を塗っている。

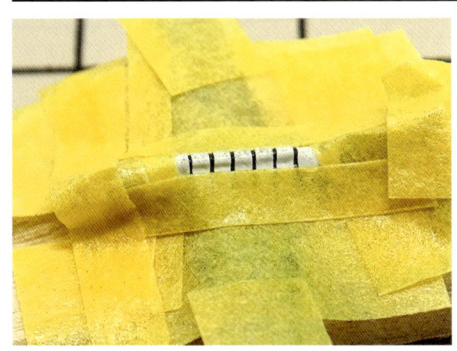
周囲に塗装がかからないようにマスキングで覆う。吹き付け量を絞り、塗装面に対して垂直に何度も往復させながら塗り重ねるのがキレイに仕上げるコツ。

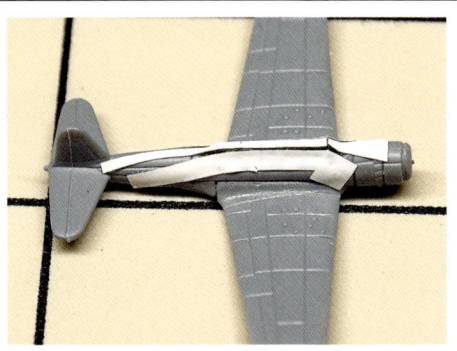
続いて縦方向のフレームをマスキング。

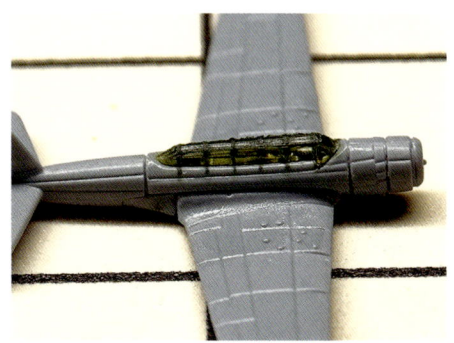
フレームの塗装は完了。

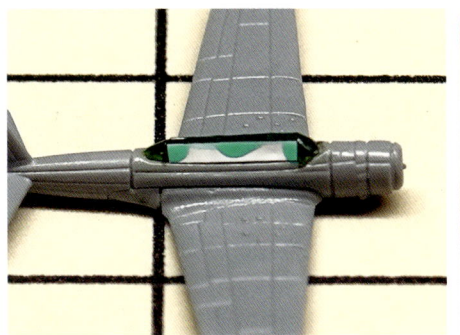
直線部分はフィニッシュシートでマスキングし、それ以外はMr.マスキングゾル改でマスキング。

下面を白灰色で塗装し、マスキングゾル改でマスキング。

続いて上面を塗装。写真では歩行帯と尾翼はすでに塗装してマスキングしている。

デカールを貼り、スミ入れまで終えた状態。

脚は赤城の純正エッチングを使用。付け根部分を瞬間接着剤で補強。タイヤの内側に瞬間接着剤を盛り付けて厚みを出した。

完成した艦載機。ピトー管は伸ばしランナー。アンテナ線支柱は0.13㎜厚プラ板で作成。

超絶艦船模型を生み出す三種の神器

本書で紹介された大渕克氏の超絶工作技術を支える工具をいくつか紹介しよう。艦船模型ではあまり使用頻度の高くないものばかりだが0.1mmの精度の工作にはなくてはならないものばかりだ。これらを参考にして自分の模型製作スタイルにあったものをチョイスしよう

重さと硬さが重要、金属ブロックと金属板

スクラッチビルドを行なうにあたって欠かせないアイテム。テクニック記事で説明しているように組み合わせることでプラ材を正確に加工することができる。金属板は記事以外にも、両面テープを貼り付けて、その上でプラ材の加工を行なう時にも使用している。本誌では掲載していないが、機会があればそれについても説明したいと思う。光学機器などの小さな装備品は、弱粘着の両面テープを3cm角の真鍮ブロックに貼って、その上で製作をしている。過去の製作記事の画像を見ていただければ、小パーツとともに金属ブロックが写っているのが確認できると思う。金属ブロックは他にもスコヤのように垂直を確認する際にも使用できる。また、接着剤が乾くまで固定しておくための重しとしても利用することができる。

綺麗にプラ材を断ち切る"別たち"

プラ板を切り出すためには、このアイテムが欠かせない。筆者が艦船模型を製作するうえで、最も使用率の高い工具の一つである。テクニックの説明にあるようにノギスと組み合わせることで正確な寸法でプラ材を切り出すことができ、また、プラ材を垂直に切断する際にも使える。一つ注意点を加えておくと、片刃なので切断するプラ材の厚みが大きいと刃先が内側に入りやすい。そういう時は少しだけ刃を傾けて当てる。刃幅が約42mmと短めなので、ブルワークのプラ帯の切り出しは1/700であればほぼ事足りるが、1/350となると十分な長さとは言えない。そういった場合には大サイズのカッター刃を取り付けることのできるスクレーパーがあるのでそちらを使用するとよい。切れ味が衰えた「別たち」の刃は、0.13mm厚のプラ板を削いで薄く加工する際に使用している。

厚さを計測する器具だが様々な用途に使用

写真はシックネスゲージという工具。使用頻度は決して高くはないが、他では代用できない機能を有するアイテムである。テクニックのところで説明しているとおり、パーツをコの字に曲げるために利用するには、初めにプレートの縁の角を立てる処理が必要である。本誌で説明した利用法は3つであるが、他にも例を挙げると、たまにエッチングの組み合わせる切れ込みにバリがついて狭くなっている場合があるが、プレートの直線部分にダイヤモンドヤスリでキズをつけて、それを切れ込みに当てて往復させれば、バリを取り除くことができる。

第3部では大渕氏がこれまで作ってきた艦船模型作品を4隻紹介する。戦艦大和は2017年に発売されたピットロードのキット。ピットロードの大和は近年の海底探査などの新考証が取り入れられたもの。本作の見どころはじつは塗装。艦船模型におけるウェザリング方法はまだ確立していないが、本作では1/700というスケールに見合った塗装について探求されている。一見、同じ色に見える部分も微妙に色を変えており単調な色味にならないような工夫が施されている。空母加賀はフジミのキットをベースにしたもの。2014年に製作されたもので本書に収録された作品の中では比較的古いもの。手作り感満載の精密な作品で隅々までディテールアップされている。このページでは素組みのキットを並べることで工作前、工作後の姿が見て取れる。重巡洋艦古鷹は戦艦扶桑に続いて製作された作品で扶桑と同じくほぼすべてをプラスチック素材の加工によってディテールアップしている。手探りの状態で造られた扶桑の工作がより洗練された状態で見ることができる。ドイツ海軍戦艦ティルピッツは古いピットロードのキットをベースにしたもの。海外艦はディテールアップパーツも少ない。このジャンルこそ大渕氏の得意とするところで、プラスチック素材を縦横無尽に使いこれまでにない超精密な作品となっているのだ

第3部
大渕 克作品集

ピットロードの戦艦大和は2017年に発売されたもの。大和はこれまで1/700スケールでは多数のメーカーから発売されているがその姿は時代とともに移り変わっている。ピットロードの大和は後発キットという強みを活かして最新の考証を反映しているところが最大の特徴。比較的目立つ上部構造物だけでなく船体のラインもすべて見直されておりこれからのスタンダードとなるポテンシャルをもっている

PIT-ROAD 1/700
IJN BATTLE SHIP YAMATO

帝国海軍戦艦
1945年

日本海軍戦艦 大和 最終時
ピットロード 1/700
インジェクションプラスチックキット
Imperial Japanese Navy Battleship Yamato.
Pitroad 1/700 Injection-plastic kit.

大和

ピットロード製
決定版1/700戦艦大和

世界最大の戦艦、大和。本艦はもっとも人気のある艦船でありこれまで様々なメーカーからキットが発売されてきた。ここでは2017年に発売されたピットロードのキットを題材にエッチングパーツセットやファインモールドのナノドレッドシリーズなどのアフターパーツを使用した作例をお届けする。どのような姿となるのかじっくりとご覧いただきたい

空中線は呉市海事歴史科学館（大和ミュージアム）にある1/10スケール模型を参考にメタルリギングを使用して作成した。特徴的な赤褐色の碍子にはターナーのアクリルガッシュを使用（パーマネントレッド・ホワイト・ジェットブラックの三色混合）。ごく少量の水を加え3、4回に分けて球状になるように盛り付けた

PIT-ROAD 1/700
IJN BATTLE SHIP YAMATO

ピットロード1/700
帝国海軍戦艦
大和
最終時

航空作業甲板にあるリノリウム張りとされる通行帯は該当箇所のモールドを削り落とし、リノリウム押さえ金具を伸ばしランナーで再現した。運搬軌条とターンテーブルはプラ板による自作。射撃指揮装置は、より立体感を出すためにナノドレッドパーツに置き換えて、爆風よけシールドをプラ板で作成した。主砲及び副砲パーツは元々「給兵艦 樫野」に同梱されていたもの。他のパーツに比べるとモールドが少し緩かったので、周囲とのバランスを考えて、特に構成面を平滑にすることに気を配って修正した

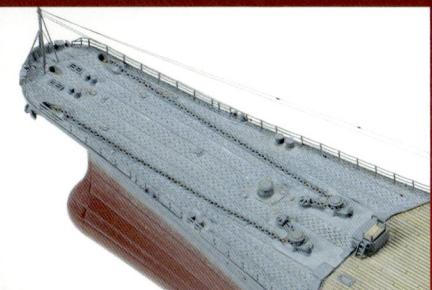

艦橋パーツは前後分割になっているため、側面に合わせ目が出る。作例では合わせ目を丁寧に修正した。特徴的な大型の遮風装置は上部は彫り込んでからスリットをプラ板で再現し、下部は三角プレートをプラ板で作成した。双眼鏡はGENUINE MODELのレジンパーツを使用している。艦首甲板の亜鉛メッキは表面の酸化と水垢の付着により白んでいて凸部に金属光沢がわずかに表れている様子をイメージしてカラーリングした

1 ダイモテープを使用して通行帯部分にある鋼板の継ぎ目モールドを削り落とした。リノリウム押さえは伸ばしランナーで作成。**2** アンカーチェーンは伸ばしランナーで作成。ホースパイプを開口し、シャンク、アンカーへと繋がっている様子を再現した。**3** 副砲側面のヒケを修正。ジャッキステーはゲートを長めに残してドリルで開けた穴に差し込むかたちで接着。天蓋に並んでいる足をかけるためのプレートはプラ板で作り直した。**4** 遮風装置の側面を丸彫刻刀で彫り込んで湾曲している様子を再現。下に並ぶ三角プレートはエバーグリーンの0.13mm厚プラ板で作成した。合わせ目修正や面を整えるために削り落とした丸窓の庇は伸ばしランナーで再生。**5** マストはインフィニティモデルのフジミ艦NEXT用を使用。探照灯フラットは狭かったので純正エッチングに置き換えた。タミヤキット用は三脚部の長さが異なるため使用できないので注意。**6** 運搬軌条、ターンテーブル、射撃指揮装置の爆風よけシールドはプラ板で作成した。**7** アンカーはナノドレッドパーツを使用し、シャンクはエバーグリーンの0.4×0.5mm角棒で作成した。**8** 砲塔上部機銃座のエッチングは裏側にプラ板とプラ棒を取り付けて、水平に接着できるように加工。**9** 防空指揮所前方の遮風装置はタガネとカッターで彫り込み、エバーグリーンの0.13mmプラバンを接着してスリットを再現した。**10** 22号電探はナノドレッドパーツを使用し、下側のコーンをプラ棒で大きく作り替えた。**11** 木甲板はアイズプロジェクトの0.4mm幅マスキングで塗り分け。彩度を抑えた色で塗装し、使用感を出した。**12** 副錨をナノレッドパーツに置き換えてモンキーラッタルはライオンロアのエッチングを使用した。舷外電路はプラ板で作成。**13** 土のうはランダムな感じを出すためにプラ板で作成した。**14** 煙突は最前と最後尾の4本の蒸気捨管のみプラ棒で作り変えた。

PIT-ROAD 1/700
IJN BATTLE SHIP YAMATO

■はじめに
　ピットロード35周年記念のキットとして2017年に発売された「日本海軍 戦艦大和 最終時」は発売当時、大いに話題となった。ここでの作例は純正ディテールアップパーツとファインモールドのナノドレッドパーツを組み込み、一部を除き基本的にはキットのモールドが持つ雰囲気を変えずにシャープに仕上げることを念頭に置いて製作した。製作時は船体パーツはまだ調整段階で、エッチングパーツもテスト版のため製品版と異なる部分がある。金属砲身とデカールは製作時には用意されていなかったので、砲身についてはアドラーズネスト社製、デカールは別キットと自作したものを使用している

■船体について
　外鈑の段差表現などメリハリの効いたモールドが特徴だが、一つ着目したいのがベルマウスの設計。大和型は艦首に強いフレアがついているため金型で横方向から抜くとベルマウスがどうしても歪になってしまうが、キットでは別パーツとすることでそれを回避している。これはありそうでなかった斬新な設計だと思う。状態が良ければ船体モールドには手を加えない予定だったが、使用したキットがテストショットということもあり精度にバラつきが見られたので舷外電路と一部の盲蓋はプラ板で作り直した。艦首甲板はアンカーチェーンを伸ばしランナー、ケーブルホルダーはプラ材で製作している。

なお最終時の大和はアンカーをホースパイプ直後のストッパーで固定していたため、チェーンは格納していたため実際には甲板上にチェーンはない。

■艦橋について
　艦橋は船の顔とも言われ、その出来の良し悪しが見た目の印象を大きく左右する。その点で本キットは過去最高の出来であると思う。艦橋を組み上げて、少し斜め前方より見上げるように眺めた時、思わず「おおーっ」と唸ってしまった。とにかく抜群に格好いい。艦橋には最新のリサーチ結果が色々と取り入れられているが、バランスよく計算しつくされた形状にこそ真価があると感じた。艦橋パーツは前後分割で合わせ目が側面にくるため少々目立つ。ここをいかにきれいに修正するかが作品完成度の鍵となるだろう。作例では遮風装置にプラ板で加工を施し、あとは面をきれいに仕上げることに重点を置いた。マストはインフィニティモデルのフジミの艦NEXTシリーズ用に設計したが、タミヤ用は使用できないので注意されたい。

■航空作業甲板について
　通行帯はデカールでの表現となっているためパーツにはモールドが無い。作例では該当箇所のモールドを削り落としてからリノリウム押さえを伸ばしランナーで再現した。運搬軌条はプラ板で製作。リセス前方にある射撃装置の側方の平坦な爆風よけシールドを再現したのはこのキットがおそらく初ではないだろうか。作例ではより立体感を出すために射撃装置をナノドレッドパーツに置き換え、シールドはプラ板で作成した。

■兵装について
　主砲及び副砲は「給兵艦　樫野」に入っていたバー

ツを、主砲砲身のみが砲口がモールドされた新規パーツとなっている。完全新規金型ではないためか他のパーツに比べてモールドが少し控えめに感じられたこともあり、作例では周囲と合わせるために面を整えることに時間を費やした。

■塗装について
　本キットで新考証として亜鉛メッキで無塗装の箇所があることが示された。実際武蔵の艦首甲板の画像では床面がボラードや御紋章取付板などと比べて明らかに明るく写っており、また戦艦山城の機銃フラット床面がどうしても軍艦色に見えない画像があるなど、それを裏付ける証拠が数多くある。とはいえメタリックカラーの塗装指示に違和感を感じた方も少なくないだろう。亜鉛メッキについて我々は普段あまり認識していないが工事現場の足場の鉄パイプや鉄道の架線を支えているフレームなど普通に見ることができる。意外と塗装のイメージをイメージするのは難しくない。亜鉛メッキ鋼材は新品の状態では表面に結晶が見られ金属特有の光沢を放つが、直ぐに酸化して鈍い灰色となり、物によっては少し表面が白んだ状態になる。

　作例ではこれをイメージして塗装した。ただ金属光沢が全く無いと模型的には何を表現しているのか分からないのでMr.メタルカラーを綿棒に少し含ませて凸部にこすりつけることでわずかに金属光沢を与えている。

■最後に
　キットは、「ここに真実の大和が造形物として姿を表す」と謳っているとおり、見る者に「これぞ大和」と思わせる説得力がある。子供の頃に初めて大和の存在を知り感動した時の感覚を久々に思い出した。

キット純正のエッチングパーツはおおむね標準的な構成内容であるが、純正としては珍しい高角砲の射界制限枠パーツが含まれている。後部舷側にあるハンギングレール周りの補強構造は海底調査結果を反映させたものか特に力を入れており、多数のパーツを割いて再現している。フルハルで製作すれば完成後も下から覗き込んでその精密感を楽しむことが可能だ

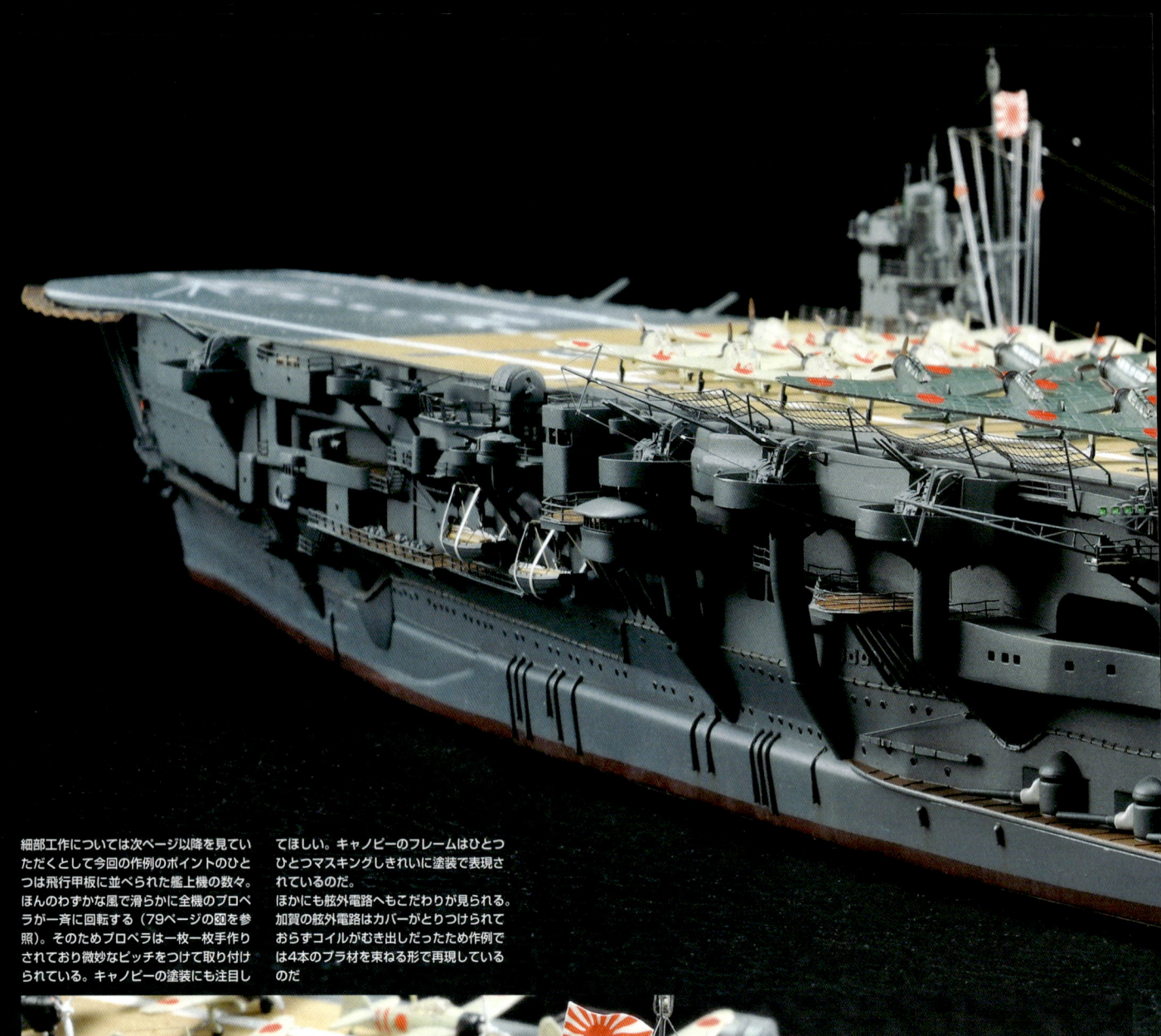

細部工作については次ページ以降を見ていただくとして今回の作例のポイントのひとつは飛行甲板に並べられた艦上機の数々。ほんのわずかな風で滑らかに全機のプロペラが一斉に回転する（79ページの⑳を参照）。そのためプロペラは一枚一枚手作りされており微妙なピッチをつけて取り付けられている。キャノピーの塗装にも注目してほしい。キャノピーのフレームはひとつひとつマスキングしきれいに塗装で表現されているのだ。

ほかにも舷外電路へもこだわりが見られる。加賀の舷外電路はカバーがとりつけられておらずコイルがむき出しだったため作例では4本のプラ材を束ねる形で再現しているのだ

大改装を受け近代的な姿となった大型空母を再現

日本海軍航空母艦 加賀 Kaga　FUJIMI

ここでの作例に使用したフジミの1/700加賀は2011年に発売された比較的新しいキットだ。価格は税別2800円。実艦の大改装後の加賀はとりわけ資料の少ない艦だがフジミのキットは発売当時最新の研究資料をもとにキット化したようだ。なおフジミでは1/700キット発売後に1/350の加賀をキット化したが、そちらは1/700をキット化して以降に判明した新考証をさらに盛り込んだものとなっているのだ

帝国海軍航空母艦

1941 加賀

フジミ 1/700

帝国海軍航空母艦 加賀
フジミ1/700 インジェクションプラスチックキット
Imperial Japanese Navy Aircraft Carrier kaga.
Fujimi 1/700 Injection-plastic kit.

精密感と清潔感を両立する 1/700空母／艦上機の 大渕流細密工作術

このページで紹介する空母加賀は2014年に製作されたもの。ネイビーヤードでは戦艦扶桑、重巡古鷹に続いて掲載された作品で大改装が実施され近代的な一段の全通飛行甲板を備えた姿を製作した。この加賀も扶桑や古鷹と同様になるべく市販のエッチングパーツ、アフターパーツには頼らず、プラ材での地道な工作を多用して完成させている。肉眼ではもちろんだがカメラを通してでもそのディテールのすべてを捉えきることはできないため、製作途中写真を多数掲載しその一端をお見せしよう

戦艦改装大型空母
真珠湾奇襲攻撃へ

加賀
帝国海軍航空母艦
1941

1935年の近代化改装を受けたのちの加賀。加賀はすでに戦艦しての建造が進んでいたために赤城に比べて、空母への改装は不徹底だった。また煙突の配置も赤城とは異なる誘導煙突というスタイルで設置されたがこれにも問題が多かったため早い段階での大改装が施された。大改装後の加賀は一段の飛行甲板、右舷前方に配置された小型の艦橋、下向きに屈曲させられた煙突な

ど近代的なスタイルを持つ姿へと一変した。速力が他の空母に比べて遅かったため飛行甲板は船体よりも長く延長されており、また格納庫も大幅に拡張されている。開戦時に保有していた空母の中でもっとも格納庫面積が広い本艦は定数以上の艦上機を搭載可能で南雲艦隊が持つもっとも有力な空母のひとつだった

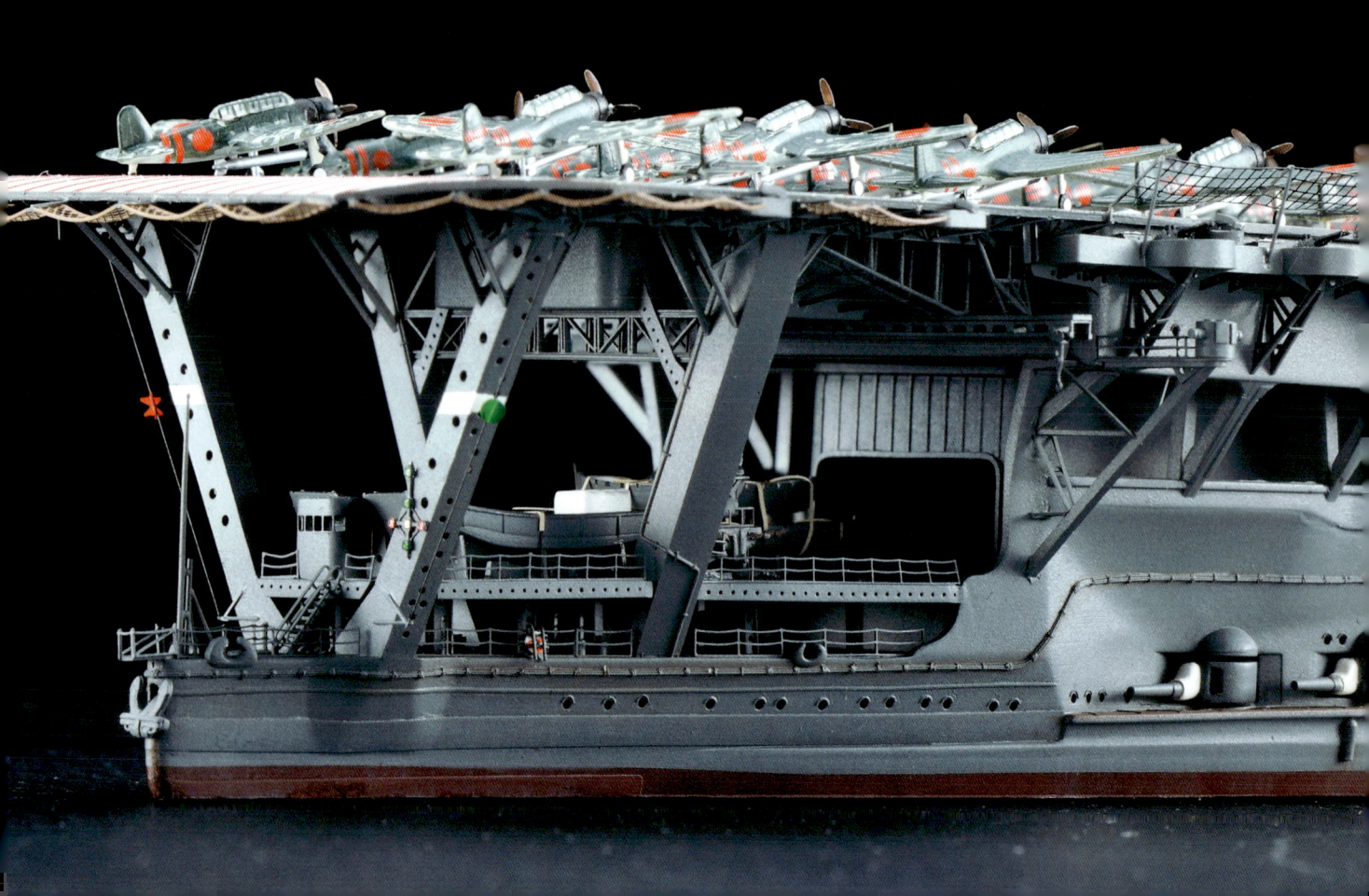

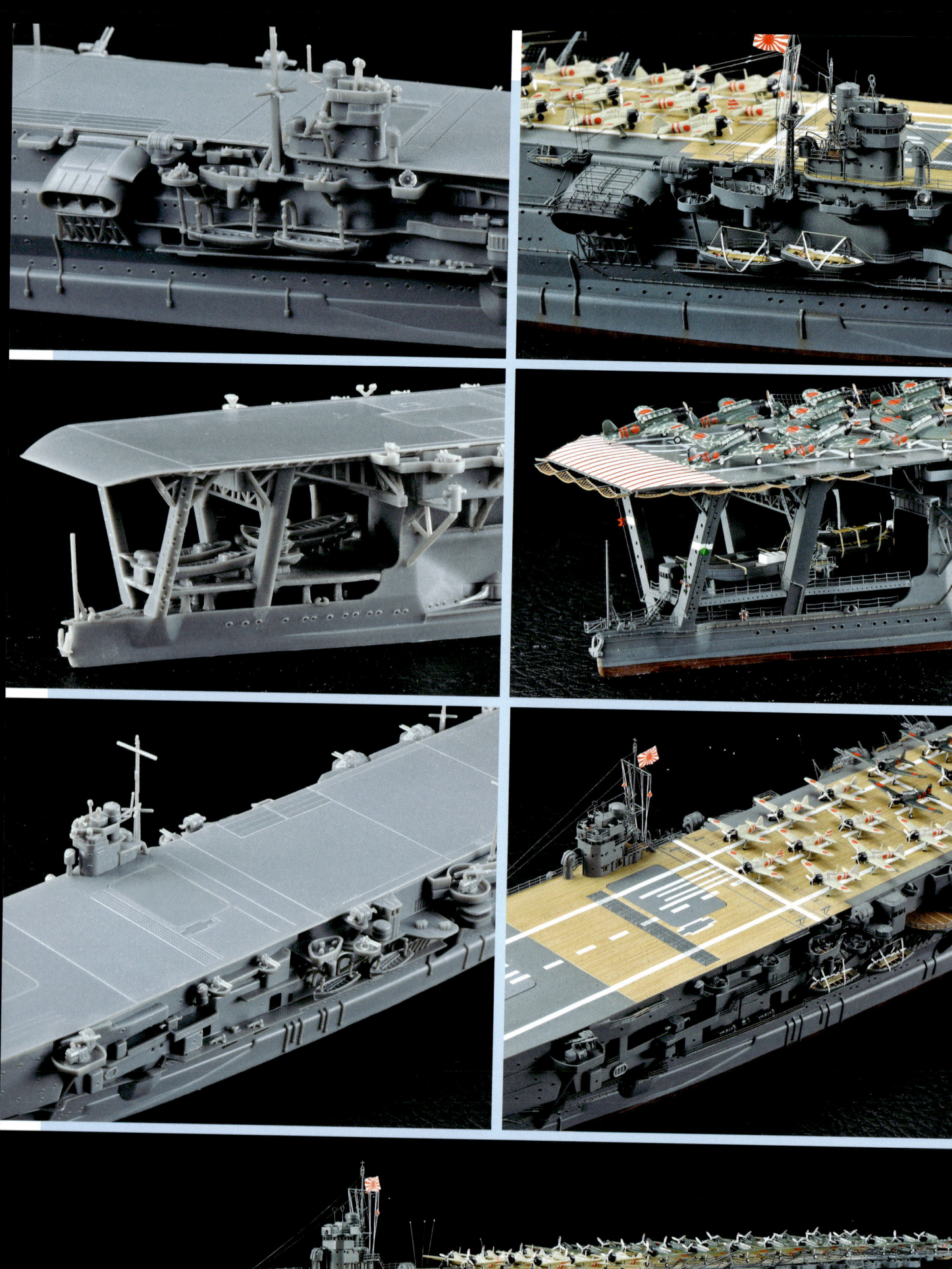

■1右舷後方の高角砲台座付近。台座パーツ（T18）と船体パーツ側の構造物との間には目立つ隙間が発生するのでプラ板を挟み込んで修正した。丸窓付きの四角い蓋が並んでいるところは大きさがまちまちだったのでプラ板で作り直している。塵芥投棄筒らしきもの（写真中央）が確認できたのでプラ棒で再現した。後ろ側の高角砲支持構造の下面には扇形に肉抜き穴が並んでいるがパーツは金型の抜き方向の関係でしっかり表現しきれていない。ここはいったん埋め戻してから三段甲板時代の写真を参考にドリルで開けた。ここを含めて舷外通路は全てプラ板で作り直している。

■2左舷中央部。110cm探照灯が格納されている部分のパーツ（D3）は実形状とは異なるように見えたのでプラ材でつくり直した。舷外電路（位置は推定）は伸ばしランナー及びプラ板で製作。写真では判りづらいがカバー無しの束ねられたケーブルが露出しているタイプを再現した。

■3発動機運転場（前側）付近。発動機運転場へと通じる部分の開閉方法はわからないがアメリカ空母のような上に開くシャッターではないと思ったので縦のスジ彫りモールドで表現した。船体両側中央部に並んでいる内部通路の開口部には三段甲板時代の写真を参考にディテールを追加した。凹モールドのみで表現されている部分も全て開口し、内側からプラ板を当てることで内部に通路があるように表現している。

■4艦首甲板は全てプラ材でつくり直した。細部を確認できる資料が無いのでほとんど推測である。今回滑り止めをスジボリで表現してみた。露出した状態ならば見た目違和感があるかもしれないが支柱の合間からわずかに覗ける状態だとさほどでもない。

■5格納庫両側に並ぶ支柱の内側には構造物があるように見えたのでプラ板でそれらしく製作した。支柱は純正エッチングパーツが用意されているが実物にはない肉抜き穴が表現されており波浪を受ける部分の構造としては不自然に思えたのでプラ材でシャープに作り直した。

■6艦首御紋章取付板付近は三段甲板時代の写真を参考に形状を修正。ベルマウスは元のモールドがアンカー取り付けのため一部を切り欠いた状態だったのでプラ棒で作り直した。またその直後には防雷具用フェアリーダーがあったようなのでプラ材で追加した。

■7船体外板をプラ板で表現した。垂直方向の外板継ぎ目は写真では顕著に確認できなかったので表現はしていない。艦首甲板上にはボラード及びフェアリーダーがあって然るべきと思ったので推定で取り付けた。

■8装塡演習砲はカバーがかけられた状態の写真しかなく細部不明であるが大きく斜め上方に突き出しているところを見るとキットパーツの八九式装塡演習砲（三型）ではないように思えたのでプラ材でスクラッチした。正確な寸法を記した資料がなかったのでおおむね連装高角砲のサイズに合うように製作したが少々前後方向が長くなってしまったかもしれない。このタイプの装塡演習砲のプラパーツを見たことがないので是非ともパーツ化してもらいたいところである。

■9装塡演習砲を配置した状態。キットではフラット前方の中央部分にある支柱が省略されているのでプラ棒で追加した。格納庫前面パーツ（S7）と船体との合わせ目が目立つのでウェーブの黒い瞬間接着剤を使って目立たないように丁寧に修正した。なお表面の整形に伴って舷窓の庇は全て伸ばしランナーで作り直している。そのほか艦首飛行甲板をプラ板に置き換えたことにより減少した高さを補うため縁にプラ板を接着した。（写真上）

■10艦首飛行甲板は0.5mmプラ板に置き換えて裏面の補強構造を再現した。実艦写真を見ると赤城のようなトラス構造には見えなかったので肉抜き穴のあいたプレートで表現した。支柱上部から枝のように伸びている部分についてもプラ板で製作した。

■11三段甲板空母の艤装工事中の写真で格納庫の後部に積載用の開口部が見られたので一旦格納庫部分をパーツから切り離し、新たにプラ板で作成した短艇甲板を接着することで再現した。しかし後から分かったのだが昭和10年の第四艦隊事件で龍驤がこの部分から浸水被害を受けたため、後に廃止されたとのことである。なのでこの収容口は実際には無かった可能性が高い。

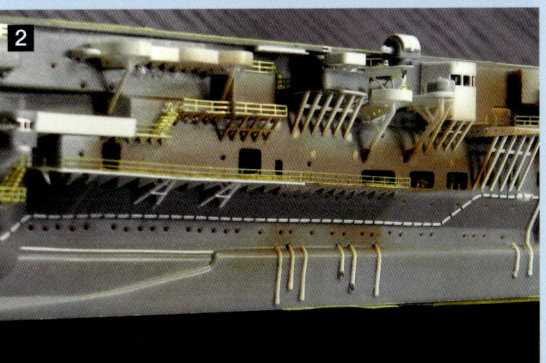

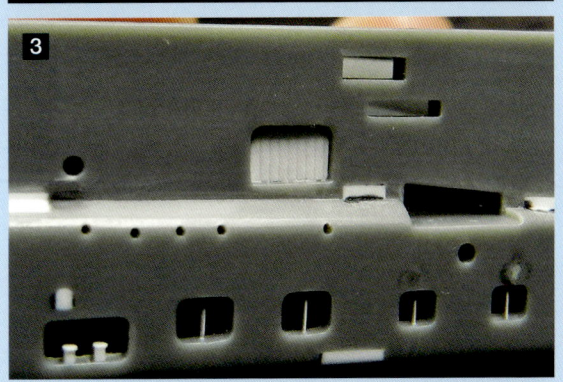

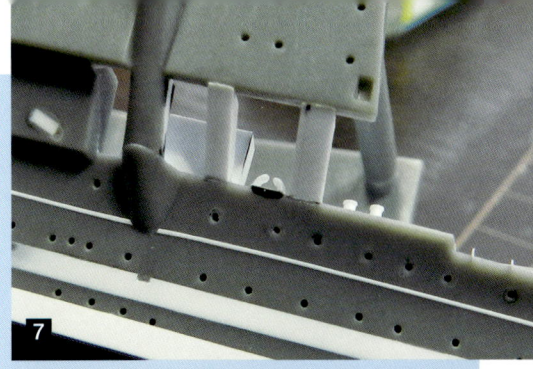

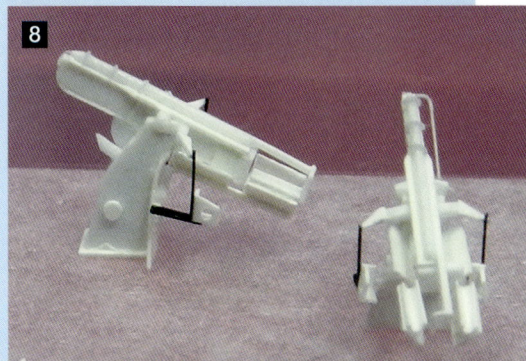

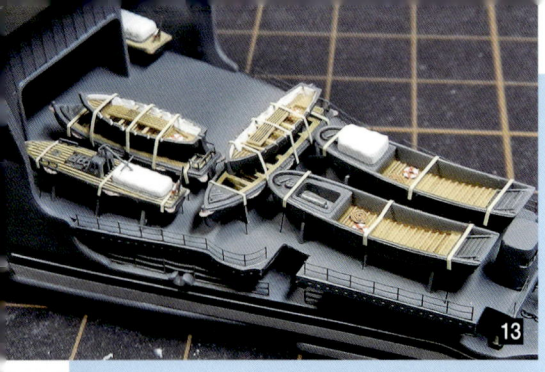

13

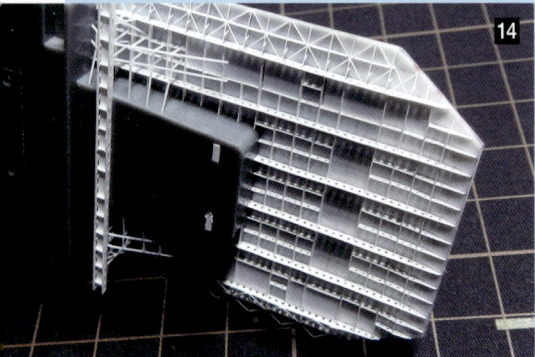

14

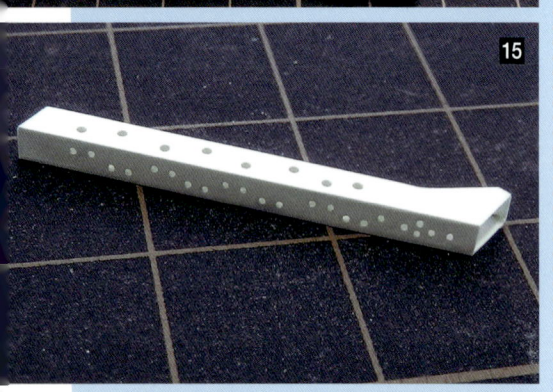

15

16

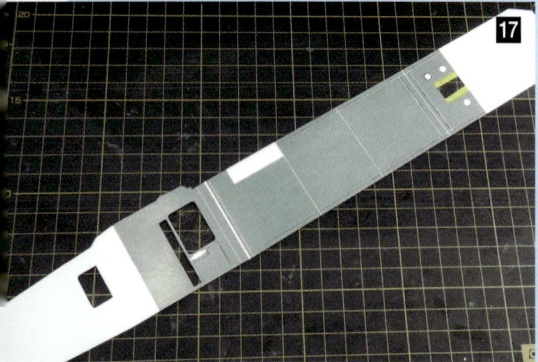

17

18

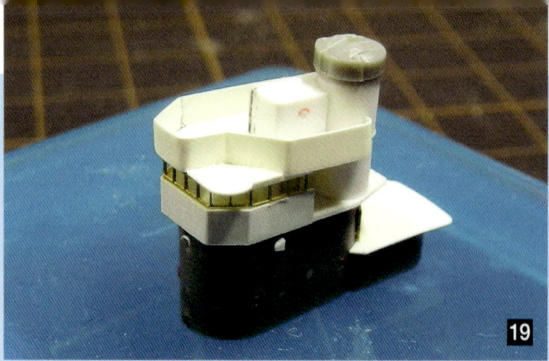

19

20

21

22

23

24

13 艦載艇は完成後に見えるものについてはピットロードのネオイクイップメント（NE）シリーズを、奥まった部分に配置され殆ど見えなくなってしまうものについてはキットパーツ及びウォータラインシリーズ共通枠のWランナーパーツを使用した。架台はプラ板で製作している。

14 後部飛行甲板裏側は完成後に見える部分であり見せ場のひとつなので気合を入れて製作した。細部を確認できる資料がないためほぼ推測である。

15 最後尾の肉抜き穴のあいた支柱の純正エッチングパーツは用意されていない。そこでエバーグリーンの0.13mmプラ板を箱組して製作した。キットパーツの面をヤスリで整えてからスキャナーでパソコンに取り込んで型紙を作成し、それを元にプラ板を切り出した。内側には箱組がしやすいように接着しろを設けてある。

16 後部飛行甲板裏側が仕上がったところ。支柱に舵柄信号の基準位置を示す白線があるが実際は外側と後ろ側のみなのであとから前側と内側は塗りつぶして修正した。

17 飛行甲板は裏側の補強構造を再現するため前後をプラ板に置き換えた。また伸縮継手などのスジ彫りモールドをプラ板で埋め戻して平滑にした。隠顕式探照灯は三段甲板時と同じ位置にあるようには見えなかったので左右対称の位置に修正した。ただし移設する理由も考えにくいのであくまでも個人的な見解ということでご了承いただきたい。

18 滑走制止装置は飛行甲板面上に設置された状態で表現されることが多いが、実物は溝の内部に配置されているため甲板上には出ていない。スジボリ堂の0.15mmタガネで溝を彫り、そこに伸ばしランナーで製作した制止柵を配置することで実構造を再現した。繋止環は0.2mmのドリルで表現。遮風柵には純正エッチングパーツを使用した。

19 艦橋については下部分はキットパーツを利用し、上部をプラ材で製作した。前面上段にある丸窓は他より大きく見えたのでドリルの径を変えて開孔している。また操舵室の四角い窓をタガネで彫り込んで再現した。艦橋窓枠には純正エッチングパーツを、トップにある九一式高射装置はネオイクイップメント（NE）シリーズのパーツを使用した。

20 ほぼ完成状態の艦橋。方位測定器用アンテナは伸ばしランナー、双眼鏡はプラ棒及び伸ばしランナーで製作した。双眼鏡にはクリアランナーを使用することでレンズ面を再現している。測距儀はネオイクイップメントシリーズ、探照灯にはナノドレッドシリーズのパーツを使用した。後方の探照灯管制器兼上空見張方向盤はプラ材によるスクラッチである。（写真24）

21 シールド付連装高角砲はより繊細なピットロードのネオイクイップメント（NE）シリーズのパーツに置き換えた。砲身両サイドの補強板をつくり直したほか周囲の丸窓をプラ材で追加した。なお加賀のはシールドが砲身の付け根手前あたりからなめらかなカーブを描いて上に立ち上がっているのでキットパーツの方が実形状に近いと思われる。

22 装填演習砲パーツの比較。右がキットパーツで左がネオイクイップメント（NE）シリーズのパーツである。同じものを表現していながらもこれ程大きさがちがうのも珍しい。ちなみにシコルスキー氏の図面を元に横幅で計測してみたところキットパーツは1/500とオーバースケール。逆にネオイクイップメント（NE）シリーズのパーツは少々アンダースケールであった。このことからも加賀の装填演習砲はこのタイプではなかったことが推測できる。

23 20cm単装砲は砲身両脇の窓をタガネで彫り込んだあとに下の部分をプラ材で埋めて形状を修正した。砲身のパーティングラインのところにある段差をカッターの刃を当てることで修正すると断面が楕円形になってしまう。こういった場合には筆者は黒い瞬間接着剤で段差を埋めたあとにウェーブのヤスリスティックで挟んだ状態でパーツを回転させることで形状を整えている。うまくいけば金属砲身と変わらないぐらい綺麗に仕上げることができる。使用するヤスリは荒いと抵抗がかかりすぎてパーツを破損しかねないので目は1000番くらいに水をつけてゆっくりいったほうが良い。

24 プラ材で製作した探照灯管制器兼上空見張方向盤。アフターパーツ化されると嬉しいのだが加賀独自の形状なので難しいと思われる。

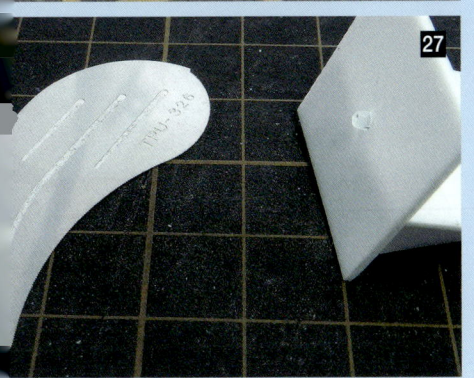

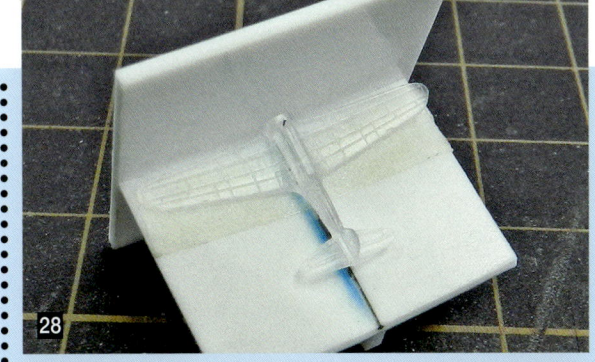

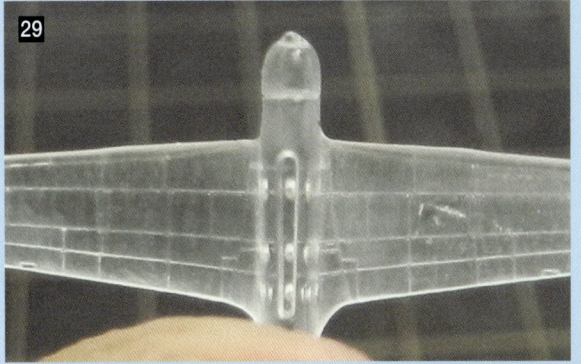

25 12m内火艇　F 12m内火艇　P 12mランチ　P 12mランチ　P 13m運貨艇
12m内火艇　F 12m内火艇　P 12mランチ　P 12mランチ　P 13m

28 パソコンで作成した艦載艇用架台の型紙。ちなみにFと書かれたものはフジミでPはピットロード用。艦載艇パーツの底をウェーブの『型想い』を使って型どりしてからそれを輪切りにしてからスキャナーでパソコンに取り込んで作成した。ほとんど見えない部分であるにもかかわらずなかなか手間がかかってしまった。各メーカーの艦載艇パーツの形状に合わせた架台パーツセットというものがあったら便利かもしれない。

29 13m特型運貨船のパーツに自作の架台を接着したところ。手間はかかったがぴったり合わせることができた。

27・28・29・31 艦上機はフジミ純正の「赤城搭載機セット」を使用したが九七式艦上攻撃機のカウル部分のモールドが曖昧だったのでスジ彫りモールドを施してメリハリを付けた。写真27、28は同じ位置にスジ彫りを施すために今回プラ板で作成した治具。写真29はスジボリを施した状態。なお厚みが気になったので翼は裏側から削り込んで薄く加工している。

31 今回最大のチャレンジである艦上機のプロペラ回転。まだ技術がこなれてないため回りやすさには少々バラつきがあるがよく回るものはシャボン玉をゆっくり膨らます程度の息でも気持ちよく回転する。風防部分のフレームはアイズプロジェクトのマスキングテープで塗り分けた。プロペラ、脚、九七艦攻の魚雷及び徹甲爆弾はプラ材で製作している。

■はじめに

加賀の製作はズラリと並ぶ艦上機のプロペラをスピナーごと回転するように加工してみたいと思ったのがきっかけとなりました。設定は真珠湾攻撃時。艦上機は第一次攻撃隊を再現しています。

■キットについて

複雑な船体形状をよく再現した好キットではありますが、ただ一つだけ残念な点があります。キットは「ネイビーヤードVol.8」に特別付録として掲載された畑中省吾氏が描いた艦型図を参考にしているようなのですが手書きで書かれたものなので当然パソコンで作成するのとは違いズレやバラつきがあります。キットはあまりにもその図を忠実にトレースして作ったために舷窓の並ぶ高さが左右であっておらず、また船体中央に並ぶ丸ованついた四角い蓋も本来は全て形、大きさとも同じはずなのですが違いが生じています。なお凹凸のある船体に並ぶ多数の舷窓全てを彫り直すのは工数過大となってしまうため今回は見送りました。

■船体

大幅に手を加えているため純粋なキットの組み立てポイントは説明できませんので私なりの考証結果を反映させた部分に重点を置いて説明します。まず船体右舷側については学研の「決定版 日本の航空母艦」に掲載されている煙突を後方から写した写真を見ると2本の蒸気捨管が確認できたのでそれをプラ棒で追加しました。また同写真には煙突直後へ通じる通路らしきものが写っています。前へ抜けることはできないように見えたので後方側へと延長しましたが実際のところは不明です。手すりが船体側面と平行ではないことからここはある程度の広さを持っているようです。そのほかに後方の2基の高角砲の真ん中

あたりに塵芥投棄筒らしきものが見えたのでプラ棒で追加しました。

続いて左舷側ですが不明点が多く悩みました。前述の艦型図の説明記事において畑中氏も述べられていますが発動機運転場の支持構造がよくわかりません。GTサンの写真では不明瞭ながら6本の支柱が同じ高さから同じ角度でフラットの縁に向かって伸びているように見えるのですがフラットは単純な長方形ではなくカーブがついているため支柱は決してフラットの縁には沿いません。結局は答えが出ずにキットパーツをプラ板で作り替えただけとなりました。水面見張所では実物では底部分が大きく前方へ張り出しているのでプラ材で延長しました。汚水捨管はプラ棒で作り直したのですが左舷側の数が少なかったので追加しています。

■艦首部分

写真キャプション以外のことを述べますと格納庫前面右舷側の通路下から飛行甲板裏側に伸びている柱がありキットパーツでは3本の柱が上で収束する形になっていますが左舷前方からの写真ではそれぞれ別に伸びているのが確認できるのでプラ板で作り直しました。また左舷最下段の舷窓が表現されていなかったので追加しています。

■飛行甲板

飛行甲板でとくに不明なのが滑走制止装置と着艦制動索です。煙突後端の位置に滑走制止装置がひとつあるのが写真で確認できたのですがどの資料を見ても煙突と艦橋の間にふたつ並んで描かれており疑問に思いつつもそれに従いました。また着艦制動索も8本あったと資料に記されているのですが8本目がどうしても確認できなかったので推測で配置しています。

■艦橋

左舷側の写真は数点存在しているのでとくに問題はありませんでしたが右舷側については細部を確認できる写真がありませんでしたので他の作例やイラストに倣いました。ただし一点だけ変更を加えた部分があります。手持ちの資料ではどれも右舷側探照灯座の支柱は斜めに描かれていたのですが右舷後方の機銃座付近から艦首方向を写した写真を見ると奥の方に探照灯台座部分が小さく写っており、その台座下面から支柱が真っ直ぐ下に伸びているのが確認できます。途中で内側に曲がっている可能性もありますが今回は垂直な状態で製作しました。

■その他

飛行甲板後方の機銃座の支持構造が写真では暗く影になっているためよくわかりません。ここは他の空母に見られるような丸い支柱ではないように見えます。今回はトラス構造として表現しましたが加賀の全通甲板改装と近い時期に竣工した龍驤を見ると肉抜き穴があいた大きな三角プレートが多用されているのでひょっとしたら加賀も同じようなものだったかもしれません。

■最後に

加賀には他にも謎が多くあります。艦載艇積込用クレーンもそのひとつでレールが左右に走っているだけでは格納庫両サイドの奥まった部分に艦載艇を運び込むことはできないように思えるのですが実際のところはどうなっているのでしょうか？　加賀は残された資料が少ないため不明な部分も多くこれからの研究にも注目したいところです。

帝国海軍重巡洋艦 古鷹
ハセガワ1/700 インジェクションプラスチックキット
Imperial Japanese Navy heavy cruisers Furutaka.
Hasegawa 1/700 Injection-plastic kit.

ここで紹介する古鷹は巻頭で紹介した扶桑に続いて2014年に製作されたもの。本書に掲載した作品の中では2番目に古いものとなる。徹底的な精密工作にこだわった扶桑からさらに進化し船体の外鈑の表現にも新たな工夫を取り入れた古鷹。目を疑うような驚異的な精密工作の途中写真もたっぷりお見せします。プラスチック素材でどこまでのことができるのか……その限界に挑戦した作品をご覧ください

帝国海軍重巡洋艦
1942 古鷹
プラスチック素材の活用にこだわって作り込む

HASEGAWA 1/700
IJN CRUISER FURUTAKA

精密感と作りやすさを兼ね備えた傑作

ハセガワの重巡古鷹は2007年にリニューアルキットが発売された。すでに発売されてから10年以上が経過しているがほどほどのパーツ数で作りやすく初心者にもおすすめできる好キットといえる。なお左で紹介したパッケージは発売直後のもので現行キットでは別の箱絵となっている

古鷹は太平洋戦争で戦った帝国海軍の重巡洋艦の中でもっとも古いものだった。建造時はまだ重巡洋艦というカテゴリーがなく、これまでの5500トン型軽巡よりも砲力を増した7100トン型巡洋艦として建造された。建造時は20cm単装砲6基を搭載していたが、この主砲は人力装填としたため発射速度が遅く砲戦力には不満のあるものだった。そのためのちに大改装が施され20.3cm連装砲3基へと換装された。その結果、古鷹型はやや小型ながら第一線で運用可能な戦闘力を保持し、太平洋戦争緒戦でも大活躍した。

古鷹型の大きな特徴のひとつが船体形状である。一般的な平甲板型と異なり、艦橋部、後部主砲付近の2箇所で甲板が傾斜する独自の波型船体を採用した。これは船体の軽量化のために取り入れられたもので、軽減した重量を武装に充てられるということでのちの妙高型などにも採用されている。

今回の作例では目が行きがちな艦橋や煙突などの上部構造物はもちろん、この船体の外鈑表現にも力を入れている。おどろくべきことは大半のディテールアップをプラスチック素材で行なっていること。0.13mmの厚さのプラ板をさらに薄く加工して微妙な段差の表現などを再現しているのだ

内山睦雄氏製作の1/100スケール古鷹を見て魅了された方は多くおられると思いますが私もそのひとりです。何とかこの模型の雰囲気を1/700スケールで再現できないだろうかと思ったのが今回の作品を製作するキッカケでした。

内山氏の作品は綿密なリサーチによって細部まで作り込まれた傑作ですが私が特に魅力を感じたのは濃密な舷側外板の表現です。今作品においても私が一番こだわったポイントでした。本書の6ページから掲載されている戦艦扶桑では舷側外板表現は行なわなかったので一度チャレンジしてみようと思ったのも大きな理由の一つです。そのほかに1/100模型の手作り感を表現するためにアフターパーツやエッチングパーツは極力使わないようにしました。スミ入れや汚し表現も作り込みによってできる自然な陰影をぼかしてしまうと思いほとんど行なっていません。内山氏の作品にどれだけ近づけたかわかりませんが手作りによって自然に生ずるゆらぎもまた模型の魅力の一つとなりうる事を感じていただけたら幸いです。

内山睦雄氏の作品に関しては「内山睦雄艦艇模型集」（ブレアデス工房）や「歴史群像太平洋戦争シリーズ44　重巡古鷹・青葉型」（学研）などで見ることができる。

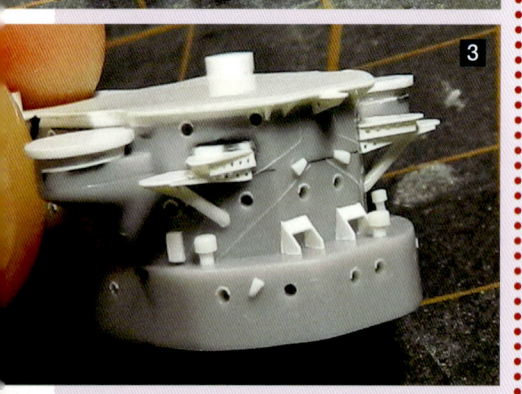

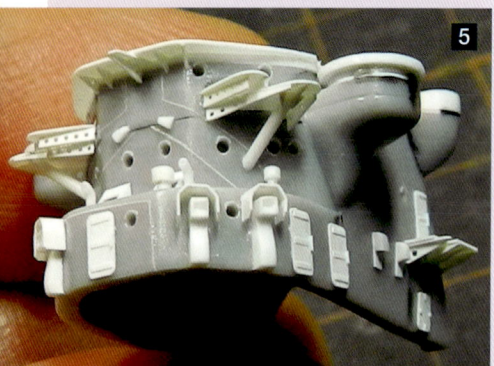

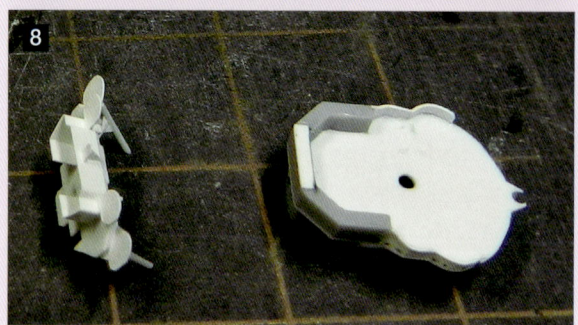

1 上部艦橋甲板パーツは張り出し部裏側の補強板を再現するためにタミヤの0.2mm厚プラペーパーとエバーグリーンの0.4mm厚プラ板（これ以降メーカー名を省略し、プラ板に統一して記述します）を使用して作り直しました。艦橋下部パーツは高角方位盤照準装置支持筒部分と一体成型されていますがプラ板を接着した合わせ目を消す場合にこの支持筒部分が邪魔になるので一旦エッチングソーを使って切り離し合わせ目修正後に再接着しています。補強板に軽目穴を等間隔にあけるときはリベットルーラー（飛行機模型などでリベットを打つ時に使用する道具）やエッチングソーの刃を利用しています。窓部分は0.5mm径ピンバイスで穴を開けたあと庇をプラランナーで再現しました。伸ばしランナーは金属棒に巻きつけて熱湯につけたあと水で冷やすことでコイル状に加工したものを使っています。細かいパーツの接着にはリモネン系接着剤を使用していますが強度の足りない部分は瞬間接着剤で補っています。

2 91式高射装置支筒をプラ棒に置き換えたほか、見張所なども補強構造再現のためプラ板に置き換えました。各階層の構造や装備品の位置については加古の艦橋図面を元にしています。

3 キットで省略されている見張所支柱をプラ棒にて追加し、シェルター甲板上の構造物もプラ材にて追加しました。リールは塗装後に汎用エッチングパーツを使って追加してます。なおリールのワイヤーロープ部分はプラ棒に伸ばしランナーを巻きつけて作成しました。

4 階段は0.13mmプラ板で作成しました。手すり部分には伸ばしランナーを使ってます。プラ板を正確な長さに切り出すときはノギスを使用してますが伸ばしランナーを正確な位置で折り曲げる場合にはノギスは使えませんのでそういった場合は戦艦扶桑の記事や47ページでも紹介したシックネスゲージという工具を使用しています。ホームセンターで一般に売られているもので値段も手頃なのでオススメです。第1缶室通風筒の吸気口部分には汎用の金属メッシュを使用しました。

5 艦橋前面の通風筒は0.13mmプラ板及びプラ角棒で製作しました。水密扉のほとんどは0.13mmプラ板を薄く加工したものを使用してますが製作途中に0.1mmプラ板の存在を知ったので一部0.1mmプラ板を使用しています。（0.1mmプラ板は柔らかくトラスなどの構造材としては向かないため扉のように強度が必要のない部分に使用し、強度が必要な部分には0.13mmプラ板を使用しています。）

6 グレーチング部分は0.1mmプラ板を細く切りだしたものを組み合わせて作成しました。完成後はほとんど見えなくなる部分でエッチングパーツを使ってもいいところですが今回はチャレンジの一つとして自作してみました。

7 8 床面をリノリウム色に塗り分けやすいように各階層のパーツを製作しました。後部の信号所などがある構造物（写真8左側）は4本の支柱が艦橋本体と斜めに接するため何度もすり合わせを行ないながら製作しました。艦橋の中で一番苦労した部分かもしれません。

9 10 各階層パーツを仮組みした状態です。マストを正面から見た場合に垂直になるように入念にすり合わせを行ないました。

11 艦橋窓枠は0.13mmプラ板を細く切ったものを使って製作しています。羅針艦橋部分の窓はまばらに開いた状態を再現するために0.13mm透明プラ板を使用しました。ただし測的所の窓ガラス表現は精度を確保するのが難しいと考えて行ないませんでした。リノリウム押さえ金具の表現は薄く加工した0.13mmプラ板を細く切りだしてゴールドに塗装したものを貼り付けています。接着はリモネン系接着剤で仮止めしたあとにミスターホビーのセメントSを使いました。艦橋各部に配置された光学機器類は参考資料がなかったので模型写真を見たままの形を元に作っています。

12 艦橋トップの6m測距儀は元パーツのモールドを削り落としてからプラ材にてディテールを追加しました。4.5m高角測距儀はキットパーツの一部に金型のズレがあったためプラ材でつくり起こしました。本体部分にプラ棒を使って製作してますがこういったパーツは直径が2mmや3mmといったようにキリのいいサイズであることは滅多にないのでリューターに差し込んで回転させながらカッターの刃を当てることでサイズを調整しています。ここは見た目以上に製作に手間の掛かる部分です。

13

⓭後部指揮所上部の方位盤照準装置はキットパーツをベースにするよりいちから作り直したほうが早いと考えプラ材よりスクラッチしました。細かいディテールは0.13mmプラ板で作成しています。指揮所部分はキットパーツから切り出しました。キットの方位盤照準装置のパーツが床と一体成型となっているので、それを使わない分不足した高さをプラ板で補いました。すべて積層プラ板からの削り出しでもよさそうに見えますがキットパーツの垂直面を利用したほうがより早く形を整えることができるので使用しています。

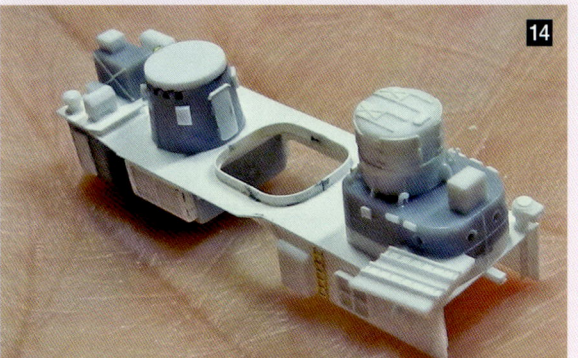
14

⓮薄く作りたい部分はプラ板に置き換え、形作るのに手間がかかる部分についてはキットパーツを利用しています。なお甲板上のモールドをほとんど削り落としてしまったため同型艦古鷹の甲板パーツを使い、接着位置や各構造物の間隔を何度も調整しながら製作しています。

⓯⓰煙突内部の整流板を0.13mmプラ板で、蒸気捨管及び雨水抜き穴付近の張り出し部分をプラ棒で製作したほか、ジャッキステー及び雨水カバー金網をコイル状に成形した伸ばしランナーを使って製作しました。雨水カバー金網の煙突上面から立ち上がっている1段目の枠部分については単純な円形ではないので太めの伸ばしランナーから削り出して作った治具（⓰）に伸ばしランナーを巻き付けて作成しています。1/700スケールでは省略されることの多い部分ですが再現すれば煙突がよりリアルになると思います。

15

⓱後部煙突周辺の構造物がほぼ完成した状態です。梯子部分には汎用エッチングパーツを使用しました。側面部分は細部を確認できなかったので一部想像で作成しています。缶室用の吸気口部分は前部煙突下部にあるものも含め金属メッシュではなくプラ板で製作しました。

⓲スキッドビームは今回苦労した部分の一つで何度か作り直しています。結果として構成する鋼板の薄さを表現できなかったのは今後課題とするところです。魚雷調整所の部分は天井クレーンのレールや軽め穴のあいた柱を再現したのですが接着前に白色に塗装するのを忘れてしまい見づらくなってしまったのが残念でした。

⓳水上偵察機搭載箇所のパーツは天板部分に厚みがあるのでプラ板で作り直すことにしました。ただキットパーツの滑り止めモールドが良好だったのでパーツをギリギリまで薄く削り込んでからプラ板に貼り付けています。運搬軌条は0.13mmプラ板を細く切りだしたもの（約0.2mm幅）を等間隔にプラ板に貼り付けたあと0.3mm幅に切り出して作成しました。下部構造は積層プラ板ではなく0.75mmプラ板を箱組みして作成しています。

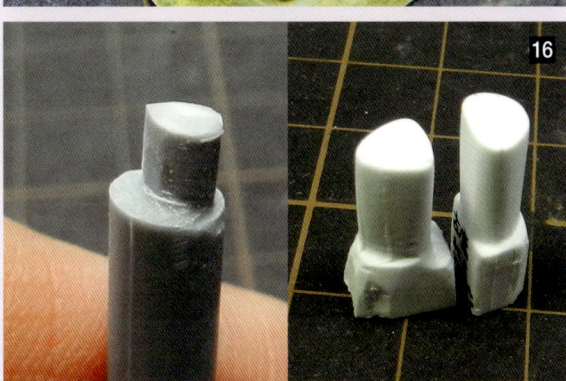
16

⓴㉑射出機は呉式二号三型（改一）であったとの説が有力ですが参考とする資料がなかったのでシコルスキー氏が作成した呉式二号五型射出機の図面を参考に製作しました。図面をスキャナでパソコンに取り込み、トラスを単純な線画に置き換えたものを印刷し、それを下地に製作しています。斜交い部分には0.13mmプラ板を薄く加工したものを貼り付けました。面ごとに作成したものを箱組みしていくわけですがその際には前述したシックネスゲージを利用しています。なお水偵運搬車及び滑走架台については製作時間短縮のためハセガワのエッチングパーツを使用しました。

㉒㉓後檣はキットパーツ下部の構造物が小さかったためフルスクラッチで作成しました。ただし参考にした1/100模型の形に合わせると前方の水偵搭載部分と干渉してしまうためやむを得ず前後方向の寸法を短縮しています。モンキーラッタルは細くカットした0.3mm厚の真鍮板に伸ばしランナーを巻きつけて熱湯で成形したものを使用しています。クロスツリーより上部のマスト支柱は強度確保のために真鍮線で作成しました。塗装前の段階で一部の張り線を極細の銅線で作成しています。今回は余っていた携帯音楽プレーヤー用ヘッドホンのコードに使用されている銅線（赤く見える線）を使いました。太さは銅線単体で市販されているものと変わらないと思います。以前も使ったことがあるのですが高価なヘッドホンほど細くて丈夫な銅線があるようです。その他の部分の張り線には伸ばしランナーを使用しました。この後檣部分と水偵搭載箇所は設置されている甲板面が後方に緩やかに傾斜しているためパーツを垂直に設置できるように加古の甲板パーツを使って何度もすり合わせを行ないました。

17

18

19

20

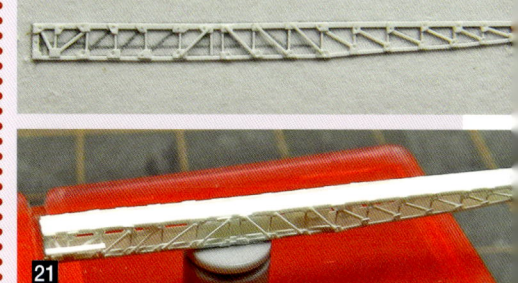
21

22

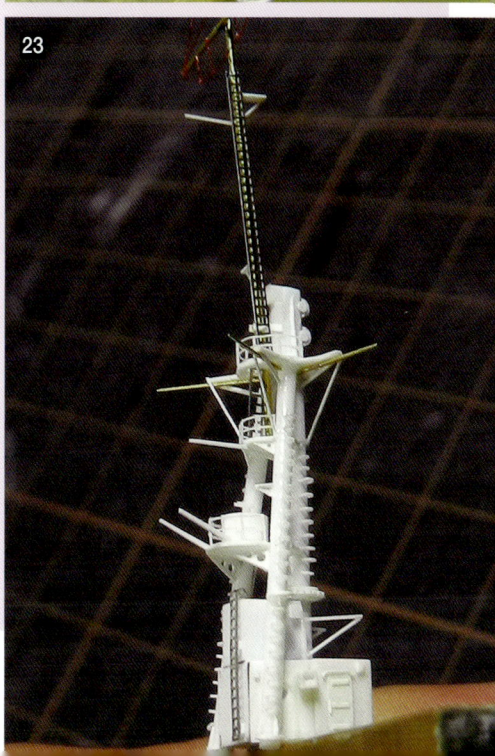
23

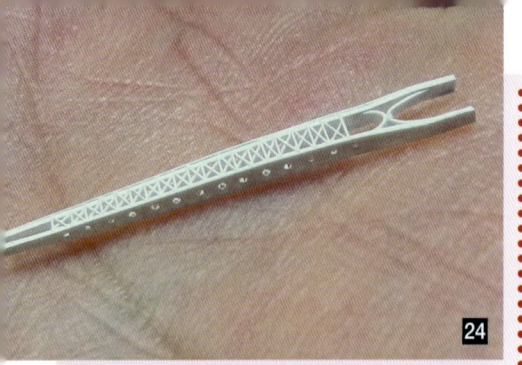

24

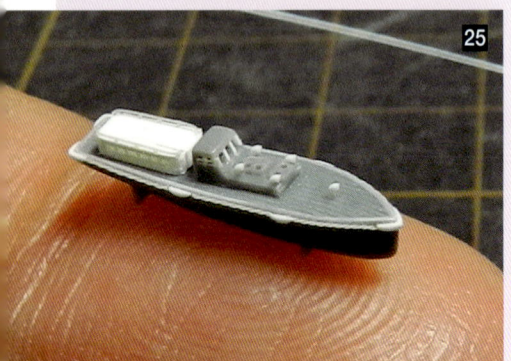

25

26

27

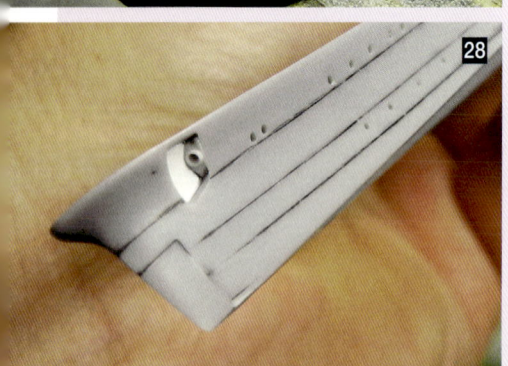

28

29

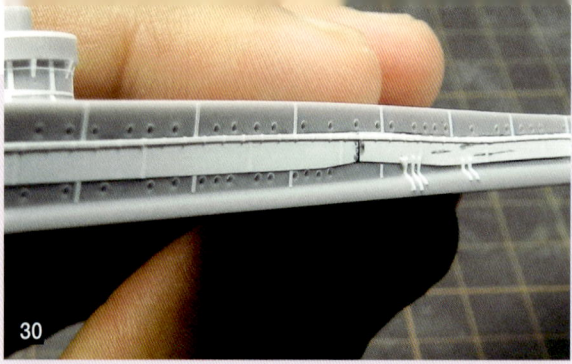

30

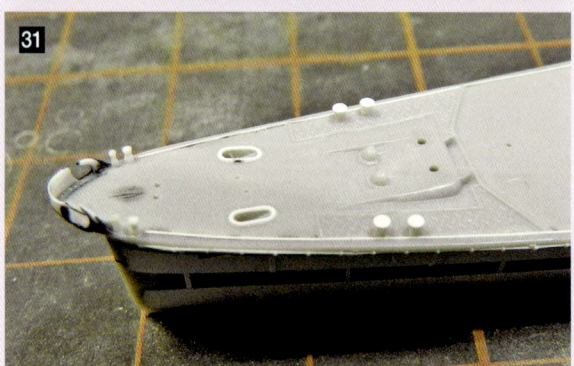

31

32

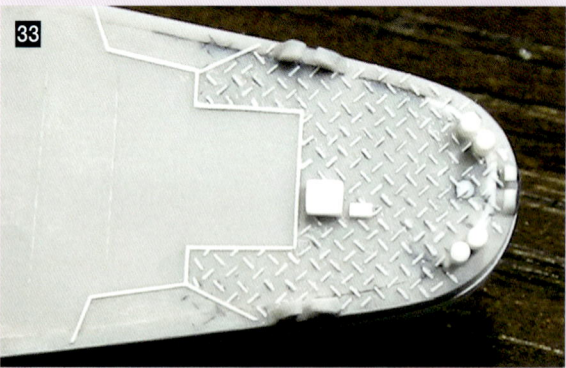

33

34

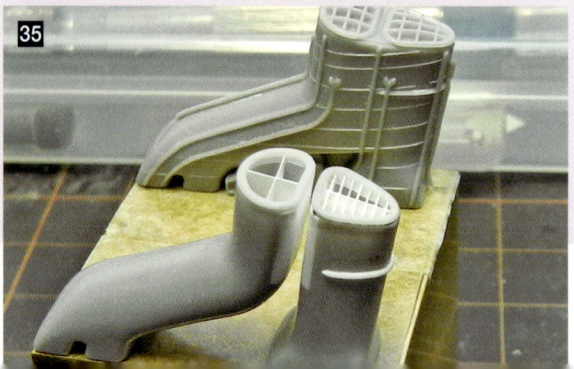

35

24 搭載機揚収クレーンアームの作り方は射出機と基本的には変わりませんが単純な箱組ではないため接着しろを充分に設けました。具体的には船体パーツにある、甲板板を取り付けるための接着しろのようなイメージです。

25 26 11m内火艇はWランナーのパーツをベースに作成しました。上部のモールドを削り落としたあとにエッチングソーを使って甲板の板目を再現し、削り落とした上構造物を再生するためにパーツをもう一つ使用しています。本来長官艇は搭載しないのが正解なのですがあまり考えずに惰性で作ってしまったところが良かったので使用しました。マストも搭載時は折りたたまれているべきです。

27 9mカッターはファインモールドのナノドレッドシリーズのものをプラ材にてディテールアップしています。船尾にプラ板で舵を取り付けたほか艇指揮用の腰掛けを追加しました。乗員の腰掛け部分はディール一体モールドになっていますが0.13mmプラ板を薄く加工したものを貼り付けることで下にスペースがあるように見せています。オールは0.1mmプラ板で、浮き輪及び樽はプラ棒で製作しました。オールは大量に作成し形が良くできたものを選んで使っています。

28 キットはスジ彫りモールドで舷側外板が表現されておりそのままでも充分精密感がありますが舷側外板の表現は今回一番のこだわりポイントということで一旦全てウェーブの黒い瞬間接着剤で埋めました。キットは古鷹をベースとしているのでアンカーレス形状はそのままでも問題ありませんが（加古は形状が異なります）よりリアルにするため開孔したあとに内側からプラ板を使って再現しています。なおアンカーはナノドレッドを使用しました。

29 菊花紋章取付板はプラ板にて作り直しました。ファアリーダー部分は黒い瞬間接着剤を使って丸く厚みを持たせています。黒い瞬間接着剤は自然に硬化させた場合には収縮率が高いため塗りつけた後にすぐ硬化スプレーを吹き付けることで形状を固定しています。

30 通常舷側外板表現にはサーフェイサーを用いることが一般的ですがシャープさを出すことと上から継ぎ目プレートを接着することを考慮して0.13mmプラ板を薄く加工したものを使用しています。舷外消磁電路はすべて0.13mmプラ板で製作しました。船体への帯状の止め金具部分は0.13mmプラ板を薄く加工したものを使っています。かなり手間はかかりますがエッチングパーツに比べ立体感がでることとプラ用接着剤で接着できることが利点です。舷窓は艦橋と同様にピンバイスで穴を開けたあと伸ばしランナーで庇を再現しました。

31 艦首甲板はディテールアップのため一旦モールドを削り落としホースパイプ部分をピンバイスで開孔しました。縁の部分は窓の庇の作り方と基本は同じです。

32 アンカーチェーン、チェーンストッパーなども庇の作り方の応用です。ケーブルホルダー、チェーンパイプ、ボラード、写真では写ってませんが防雷具用フェアリーダーをプラ棒及びプラ板にて作成しました。

33 艦尾の滑り止めが付いた鉄甲板の部分は形状が異なっていたので一旦モールドを全て削り落としてプラ材にて再生しました。今回チャレンジの一つとしてやってみましたが非常に手間がかかるので今回はここのみにとどめています。

34 高角砲台座は舷側に出ている下の部分のみキットパーツから切り出して使用しました。床とブルワークは0.13mmプラ板で製作しています。手すりは伸ばしランナーで製作しました。細かいパーツの接着にはリモネン系接着剤を使用していますが塗装してしまうと接着できなくなるため細かい部分は塗装前に接着しています。ボートダビットを折りたたんだ際に使用する先端部固定用金具は初めて再現しました。なおボートダビットはナノドレッドを使用しました。

35 前部煙突は実艦と同じ構造になるように第1煙突と第2煙突部分を切り離し、欠けてる部分をプラ板で再生しました（奥に見えるのは加古のパーツです）。実際には、第2煙突は内部の整流板が前方に湾曲しているため、上部前側が盛り上がっているのが正しいのですが、製作時には知識不足で気がつかなかったため再現していません。

36370.13mmプラ板で第1,2煙突を接合した状態です。上から見れば完成後でも煙突が前後別々になっていることが確認できます。雨水カバー金網の作り方は後部煙突と同じです。所々接着した部分が赤くなっているのは接着剤にエナメル塗料のクリアーレッド（キャップやビンの口に固着しているもの）を溶かしたものを使用しているためです。細かい部分になると透明な接着剤が実際ついているかどうか分かりづらいのでこうすることで視認性を高めています。写真では分かりませんが煙突の根元が4つに分かれているところも再現しました。

38塗り分ける部分以外のジャッキステーを先に取り付け、白線塗装後に瞬間接着剤を併用してジャッキステーを取り付けました。

39蒸気捨管は真鍮パイプではなく全てプラ棒で製作しました。先端が二股に分かれている部分はプラ棒にピンバイスで穴を開け斜めに切りだしたものを張り合わせています。また先端が傘になっている部分はプラ棒をリューターに差し込んで回転させながらヤスリを当てることで加工したものです。

40左が探照灯台座のグレーチング、右が三脚部分です。作り方は射出機やクレーンと同じようにパソコンで図面を作って印刷したものを下地にしています。実艦では三脚部分の支柱はL字鋼ではなく鋼管が使われているのでエッチングパーツを使うよりプラ棒や真鍮線で作ったほうが実状に近くなります。

41手すりは上部分が広がっているため組み立てには非常に苦労しました。こうすれば必ず出来るという方法は正直まだ見つけていません。根気よくできるまでやるしかないといったところです。なお110cm探照灯本体については今回ナノドレッドを使用しました。各所に設置された作業灯や信号灯などはクリアの伸ばしランナーから作っています。

42四連装魚雷発射管は当初アフターパーツをベースに作成する予定でしたがカバー部分が左右対称で側面が垂直になっている点など一般に駆逐艦に搭載されているものとは異なっていたためキットパーツを利用することにしました。発射管の後ろ側はプラ棒で、前側は0.13mmプラ板で製作しています。魚雷は先端部分のみですがプラ棒で作成しました。丸い先端部分は前述のリューターを使った方法で加工しています。

43主砲砲塔の遮熱鋼板のスリットはスジボリ堂の0.2mm幅のタガネで彫り込んだあとに0.13mmプラ板を細切りしたものを差し込むことで再現しています。プレートの継ぎ目部分の表現には伸ばしランナーを使いました。伸ばしランナーはただ貼り付けたのでは不自然に浮いてしまうのでカッターの刃で表面を軽く削って断面を半円形に加工してから接着しています。使用するランナーは柔らかいものだと刃を当てた際に表面が毛羽立ってしまうため硬めのランナーを選んで使用しました。

4445写真は25mm連装機銃の作成途中の写真で戦艦扶桑を製作した時のものです。今回はその時に予備で製作したパーツがちょうど4つ残っていたのでそれを使用しました。戦艦扶桑の時は銃身部分もプラで製作したのですが、今回は鋼線で製作したものを取り付けています。なお艦橋前面に装備されている13mm連装機銃についてはナノドレッドを使用しました。

46単装高角砲はピットロードのネオイクイップメントシリーズのパーツをベースに作ったほうが簡単なのですが今回はチャレンジということであえてキットパーツを使用しました。（寸法についてはネオイクイップメントシリーズの方が精度が高いです。）ディテールの追加に当たってはシコルスキー氏の図面を参考にしています。シャッター部分はエッチングソーの刃でプラ板にスジ彫りモールドを施して再現しました。写真では見えませんが裏側もそれなりに作り込んでいます。

47パラベーン（防雷具）はシコルスキー氏の重巡高雄の図面に掲載されているものを参考に製作しました。作り方は魚雷などと一緒です。

48ウインチもシコルスキー氏の図面を元に製作しました。小パーツの製作ではリューターを旋盤のように使用する方法を多用しています。

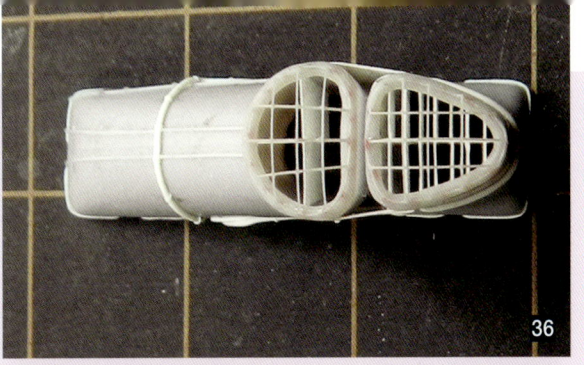

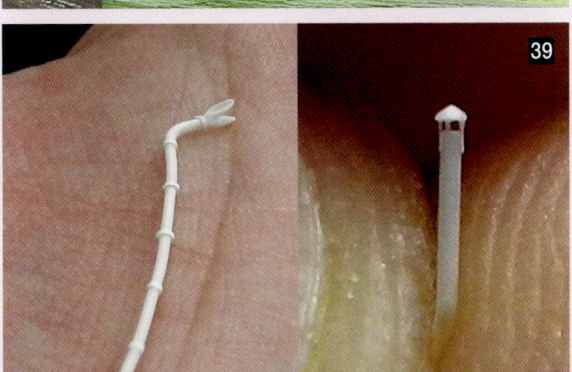

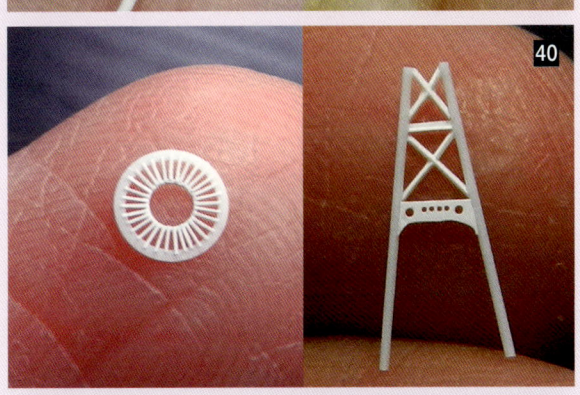

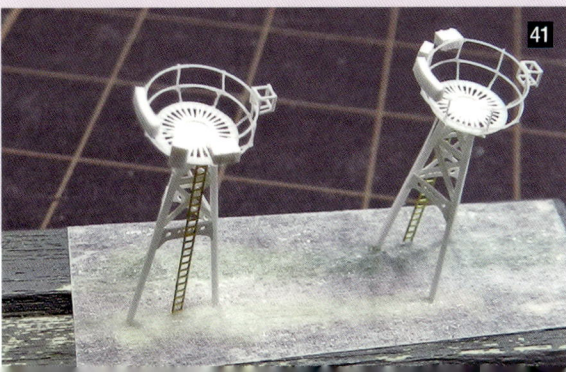

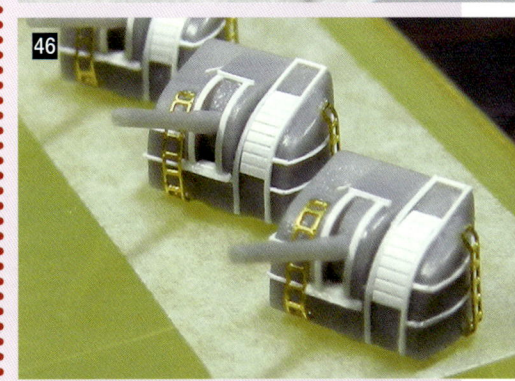

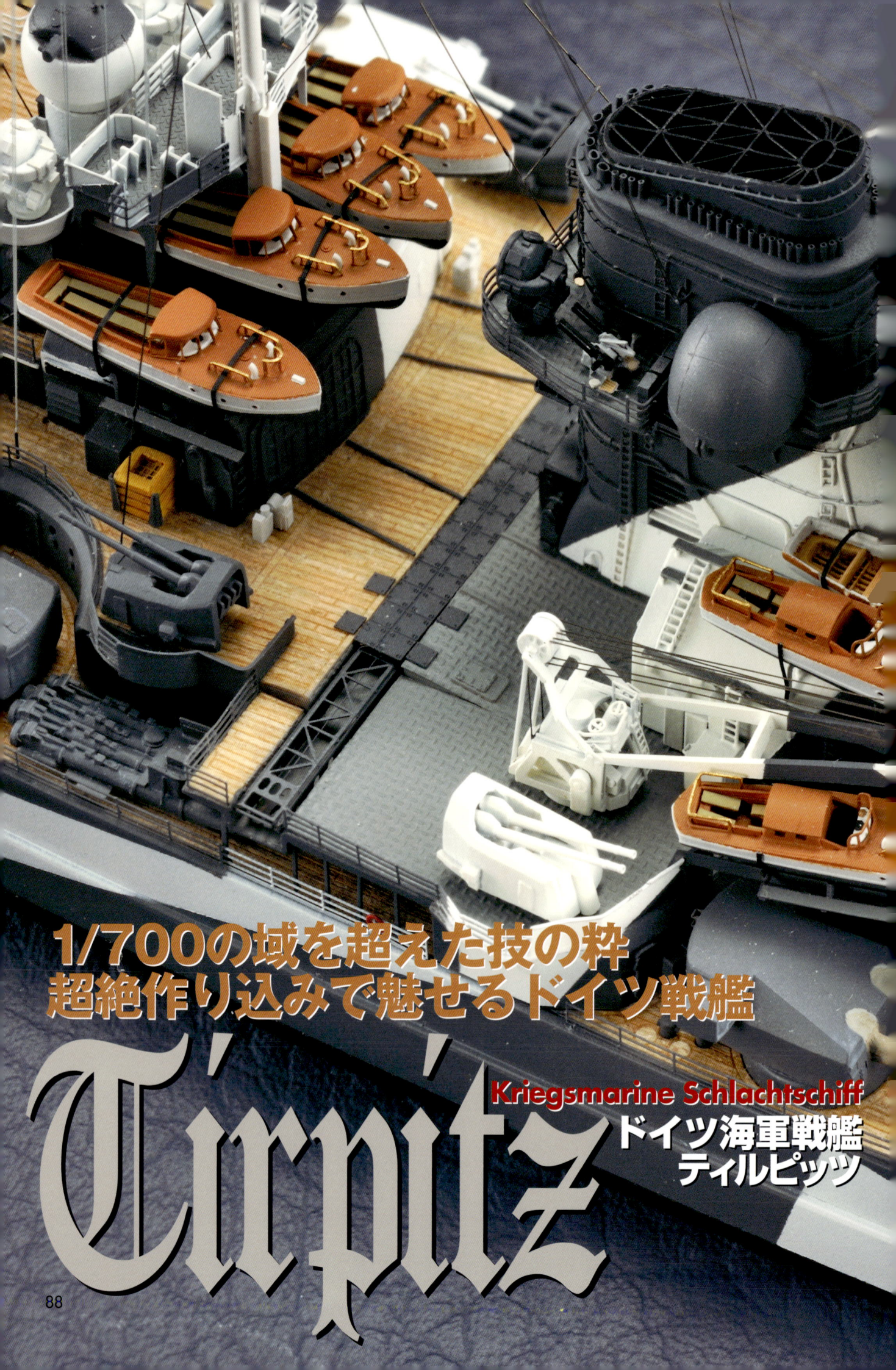

1/700の域を超えた技の粋
超絶作り込みで魅せるドイツ戦艦

Tirpitz

Kriegsmarine Schlachtschiff
ドイツ海軍戦艦
ティルピッツ

本書最後に掲載するビスマルク級戦艦の2番艦ティルピッツは2017年に製作された作品。華々しい戦いの末、沈没したビスマルクの影に隠れてティルピッツはノルウェーのフィヨルドに配置され大きな海戦に参加することもなかったため、やや影の薄い存在なのかもしれない。艦船模型の世界でもティルピッツはビスマルクとほぼ同型艦であったという認識の方も多いだろう。しかし近年の研究では両艦の違いは意外に大きなものだったことがわかってきた。ここでは従来のキットをベースに細部まで作り込んだティルピッツの姿をお目にかけよう

ドイツ海軍戦艦ティルピッツ
ピットロード1/700インジェクションプラスチックキット
Kriegsmarine Schlachtschiff Tirpitz.
Pitroad 1/700 Injection-plastic kit.

木甲板にはインフィニティモデルの0.1mm厚の木甲板シートを使用した。極薄のため甲板上の装備品が埋もれたような不自然な感じになることはない。ただその薄さゆえに非常に破れやすく取り扱いには注意が必要である。また、あらかじめ下地をタンで塗装しておく手間がかかるが、これは下地色で色味を変えることができるともいえる。現在同社からは0.12mm厚の製品が出ており、破れやすいといった問題点は改善されている。

イギリス本国艦隊を釘付けにした北海の孤独な女王

ビスマルクの沈没以降、ドイツ海軍は大型水上戦闘艦の大半をノルウェー海域に配備した。ノルウェーのフィヨルドはイギリス本土から遠いおかげで空襲の被害を受けにくく、防空にも都合がよかったからだ。この地域に配備されたドイツ艦隊は北極海を通過してソ連に援助物資を送る輸送船団に対する圧力を加えていた。ドイツ海軍に残された最大の軍艦であるティルピッツもこの地域に配備されており、本艦が出撃する場合にそなえてイギリス海軍も本土に多数の戦艦をとどめる必要があった。

ティルピッツの存在を脅威に感じたイギリス首相チャーチルは本艦の撃沈を命じた。まず空母機動部隊による空襲が実施され、続いて特殊潜航艇による攻撃が行われたがティルピッツを完全に無力化することはできなかった。

最終的にとどめを刺したのは巨大な5トン爆弾トールボーイを搭載したランカスターによる爆撃で3発の命中弾により転覆、北海の孤独な女王はその生涯をとじた。

キットは開発時期が古いことからパーツの合いの悪さや表面のヒケや荒れが目立つが余計なアレンジが加わっておらず基本形状そのものは悪くない。ただしビスマルクをベースとしたバリエーションキットであるためティルピッツとして見た場合には後の本文で述べるとおり中途半端な感は否めない。これは部分的なパーツ変更で同型艦を再現するのが当たり前だった時代のキットとすれば仕方のないところであろう。

ドイツ海軍戦艦ティルピッツ
Tirpitz

作例は1943年7月から1944年3月の設定で製作。ビスマルクとの違いを艦首側から見ていくと、まずB主砲塔上とその後方に四連装機銃があり、ビスマルクではB・C主砲バーベッド周囲に角形の通風筒が多く並んでいるがティルピッツはB主砲バーベッドの両側にあるのみである。そのかわりかどうかは不明であるがバーベッドとシェルター甲板の間に段差があり、その上部に四角い蓋が並んでいる。艦橋両側にある折り畳み式ウイングはビスマルクではプレートで構成されているがティルピッツはトラス構造になっている。艦橋構造物を見ていくと、アドミラル・ブ

リッジ（縦長の長方形の窓が並ぶ箇所）より下の筒状の構造部が壁で覆われており、その前方にある司令塔と上部で繋がっている。アドミラル・ブリッジ両側にある3m測距儀はカバー付きで、艦橋トップにある測距儀の上には箱型の電探室があり、逆探アンテナが装備されている。次に煙突を見ていくと、ティルピッツのものは幅があありビスマルクと約50cmもの差がある。前方には食料貯蔵庫がある点もビスマルクとは異なっている。シェルター甲板は中央付近が拡張されており、クレーンはシェルター甲板上に配置されている。高角砲はビスマルクでは前・後

期型が混在しているがティルピッツは全て後部がシールドで覆われた後期型となっていて舷側がブルワークで囲まれている。後ろ側の水上偵察機の格納庫扉の配置は左右逆になっており形状も異なる。ビスマルクの高射装置は後方2基がドームが無く測距儀が剥き出しの状態だがティルピッツでは全てドームで覆われている。ビスマルクは後方にあるメインマスト中段に箱状の構造物が見られるが作例外の時期のティルピッツにはない。マストトップは昇降式となっているがこの時期の画像ではどれも下がった状態になっている。

そろそろ新キットが欲しい ティルピッツ

作例で使用したのはピットロードのティルピッツ。これは2005年に発売されたもの。左に紹介した箱絵は初版時のものだが現行キットではビスマルクのキットに選択パーツとしてティルピッツ用のパーツも同梱されている。ビスマルクに関しては2018年にフライホークから決定版といえるキットが発売されているがティルピッツについては同じクオリティのキットは存在しない。近年はビスマルクとの相違点もわかってきているのでティルピッツのニューキットも期待したいところだ

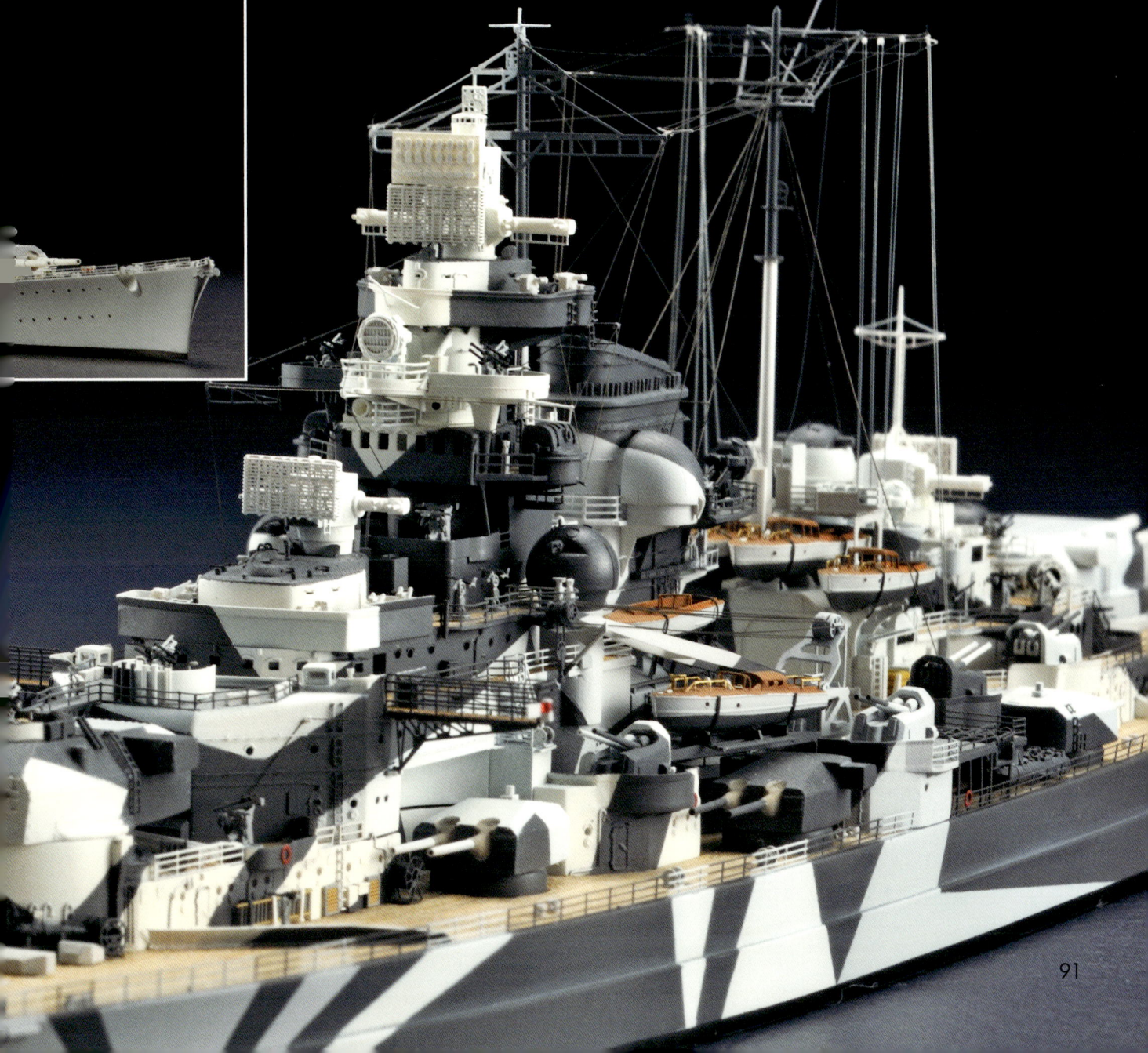

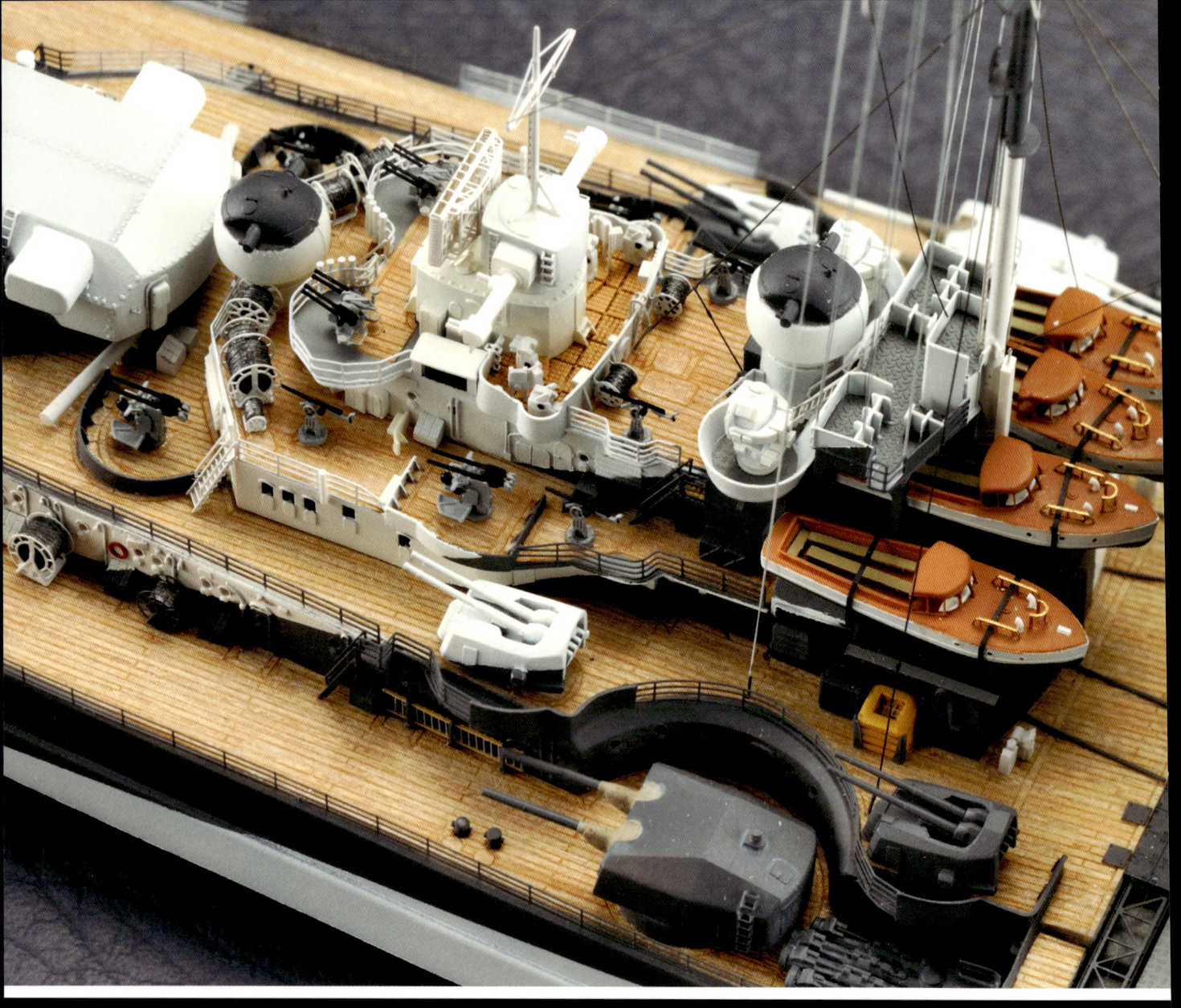

超精密工作により
1番艦ビスマルクとの
違いに徹底的に拘る

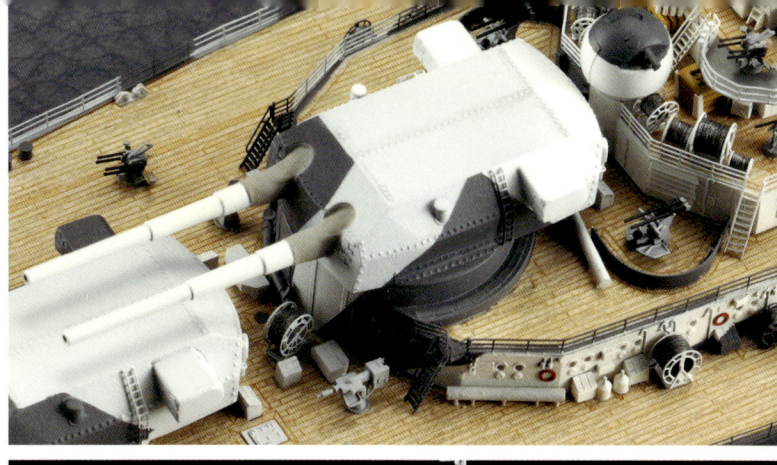

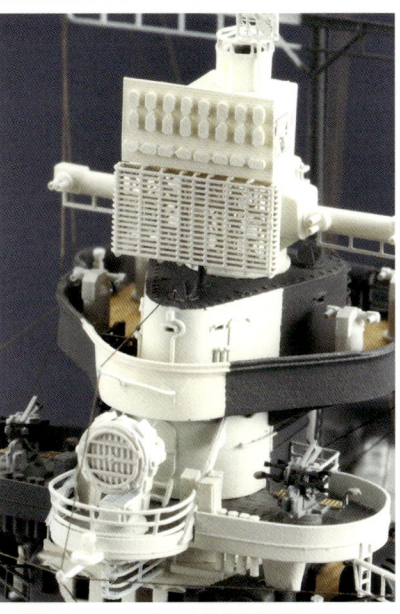

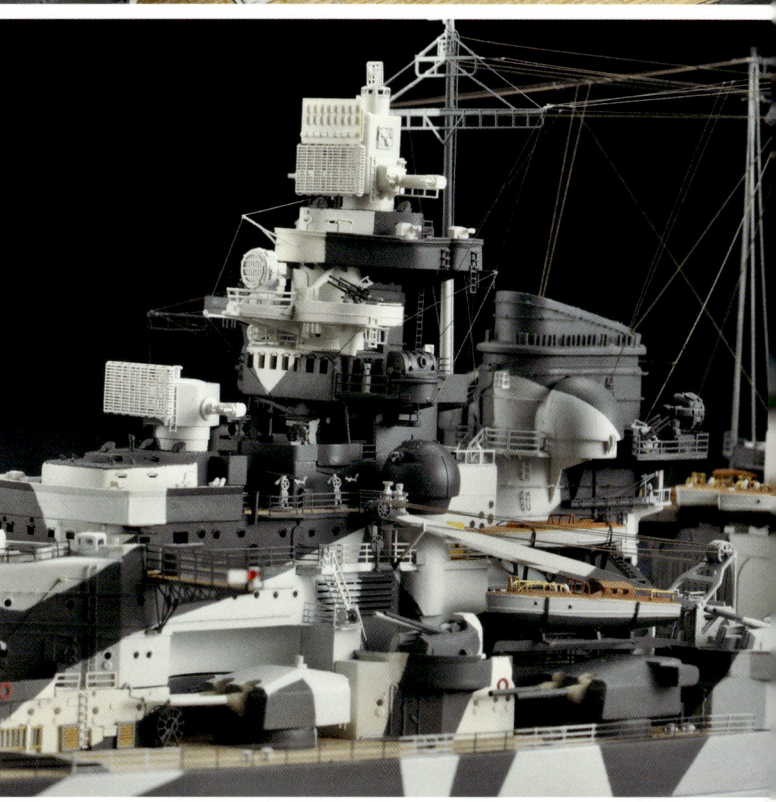

大戦時のドイツ海軍艦艇の高角砲と高射装置には3軸ジャイロスタビライザが内蔵されていたが、サーチライトにもジャイロスタビライザが組み込まれていた。そのため他国のものに比べて構造が大きく重量があった。サーチライトにそこまでの機能を持たせることには少々疑問があるが模型的には存在感があって見映えのするアイテムである。艦橋トップの射撃指揮所には10.5m測距儀と掩蓋で覆われた構造物からなるDCT（Director Control Tower）があり、こちらにもジャイロが組み込まれていて、常に水平を保つことで正確な照準と射撃ができるようになっていた。測距儀正面にあるのはFuMO−27レーダー。索敵機能は無く、射撃測距用。その上の箱型の構造物は電探室で、前面にFuMB-7ティモール逆探アンテナ、左右と後部及び上部のボールにFuMB-4 スマトラ逆探アンテナが装備されている。上にある円筒形の構造物は見張所である。

ドイツ海軍戦艦ティルピッツ
Tirpitz

ティルピッツはまだら模様の迷彩や作例のような直線的に塗り分けた迷彩まで何度もパターンを変えて迷彩塗装を施していた。作例の時期の画像では同じ時期のものでも上部構造物の塗装にちょっとした違いが見られ、短い期間でこまごまと塗り替えていたことがうかがえる。作例では前後から見たときの塗り分けラインを判断するために他の時期の画像も参考にしている。ティルピッツの迷彩はこの時期はこれが正解と判断できる資料が無いのが実情である。作例ではホワイト部分にはMr.カラーのNo.316ホワイトFS17875米海軍標準塗装色、濃いグレー部分にはNo.331ダークシーグレーBS381C/638英空軍迷彩色、明るいグレー部分はホワイトFS17875にMr.カラーGXのGX2ウィノーブラックを加えて調色したカラーを使用した。

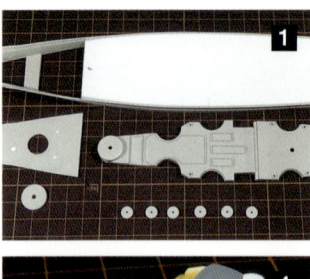
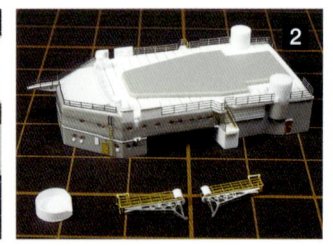

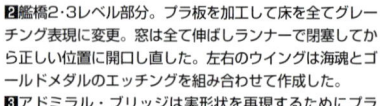
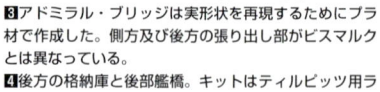

❶整形及び修正のためシェルター甲板と砲塔バーベッドを一旦切り離し、艦首甲板以外を1mm厚のプラ板で閉塞した。

❷艦橋2・3レベル部分。プラ板を加工して床を全てグレーチング表現に変更。窓は全て伸ばしランナーで閉塞してから正しい位置に開口し直した。左右のウイングは海魂とゴールドメダルのエッチングを組み合わせて作成した。

❸アドミラル・ブリッジは実形状を再現するためにプラ材で作成した。側方及び後方の張り出し部がビスマルクとは異なっている。

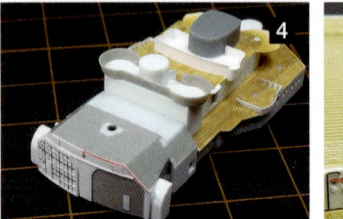
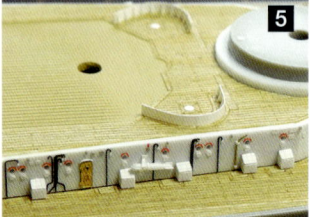

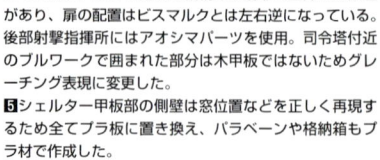

❹後方の格納庫と後部艦橋。キットはティルピッツ用ランナーパーツとなっているが残念ながら特徴が再現しきれていない。上から見ると格納庫は扇形で上部には段差があり、扉の配置はビスマルクとは左右逆になっている。後部射撃指揮所にはアオシマパーツを使用。司令塔付近のブルワークで囲まれた部分は木甲板ではないためグレーチング表現に変更した。

❺シェルター甲板部の側壁は窓位置などを正しく再現するため全てプラ板に置き換え、パラベーンや格納箱もプラ材で作成した。

❻司令塔は寸法とアウトラインの正確さからアオシマのパーツを使用。後方へとつながる構造部をプラ材で追加した。

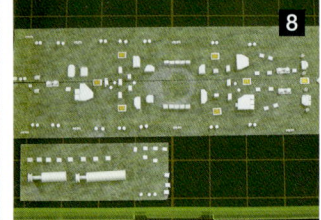

❼煙突は専用パーツとなっているが幅が足りなかったためアオシマパーツをベースに作成した。食料貯蔵庫部分はモールドを削り落としてからプラ材で作り直した。トップの金網部分は正しく再現したエッチングが無いため銅線で作成した。排煙口の周囲に並ぶ特徴的な蒸気捨管は真鍮パイプとプラ棒を加工して再現した。

❽プラ材で作成した甲板上の装備品。ビスマルクと位置が同じなのは昇降ハッチとボラードぐらいで、その多くが異なっている。

❾主砲砲塔はヒケとリベット位置修正のためモールドを全て削り落としてからディテールを再生した。

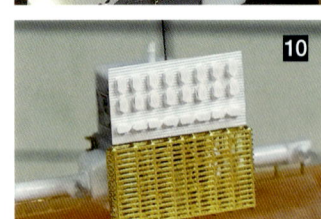
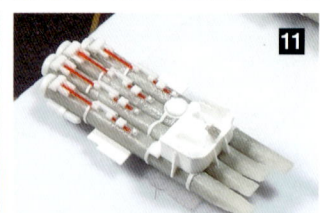
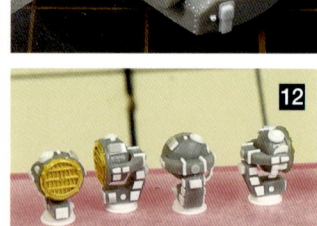

❿艦橋トップはアオシマパーツをベースにスクラッチビルド。日本海軍艦艇でもおなじみのラケット型の逆探知器が並ぶティモールアンテナの作成には今回初めて実体顕微鏡を使用した。

⓫キットの魚雷発射管の寸法は正しかったのでモールドを削り落としてからプラ材でディテールを追加した。

⓬サーチライトはタミヤのプリンツ・オイゲンのパーツをベースにディテールアップ。正面のシャッター部分は海魂とフライホークのエッチングの組み合わせ。

Tirpitz
ドイツ海軍戦艦ティルピッツ

　まずはじめに、この作例は依頼を受けて製作したものであることを予めお断りしておきます。塗装色や兵装は要望に基づいており、必ずしも実物どおりではありません。もっとも、作品は1943年7月〜1944年3月の設定で製作していますが、充分な資料が無いため、はっきりとした正解がないのも事実です。

　さて、ティルピッツというとビスマルクの同型艦であることは知っているけれどもそれ以上の事はほとんど知らないという方が多いのではないでしょうか。私もその中の一人で、製作に着手するまではビスマルクとさほど変わらないものと思っていました。ところが、いざ作り始めてみるとあまりに多くの点が違っていることにかなり面食らってしまいました。製作時間は当初の見積もりを大幅に越えて800時間をオーバー。どうやって造形するか悩んでなかなか寝付けない日々が続き、目の下にはマンガでしか見たことが無いようなクマができ、常時耳鳴りがしているという始末。と、ここまで読んだ方は「ティルピッツってそんなに大変なのか」と思うかもしれませんが、これはあくまでも実物どおりの形状で再現しようとした場合の話です。現在出回っているティルピッツのキットはどれも開発からだいぶ時間が経っており、残念ながらその特徴を的確に再現したものはありません。作例はピットロードのキットをベースに場所によってアオシマのキットのパーツとタミヤのプリンツ・オイゲンのパーツを使用しています。プラ材によるスクラッチも多用し、結果的にはセミスクラッチビルドともいえる作品です。なお、「バランスが違っていても構わない」、「それっぽい雰囲気でOK」というのであればレベルのキットが一通り特徴的な部分は再現されているので現時点ではベストな選択肢です。

　作例は工作量がかなり多いので基本的なことは除いて特に修正したポイントに絞って説明していきます。船体では艦尾左舷側のアンカーリセスは位置、形状、大きさが違っているので埋めて彫り直しました。甲板上のモールドはビスマルクのままなので木甲板シートを余白部分などを利用して細かく切り貼

りしました。面積の小さい部分は剥がれやすいので水で少し薄めた木工ボンドを合わせ目に流し込んで補強しています。A・D主砲バーベッドは0.5mm高いので切り離して底を削って修正しました。

　ティルピッツのシェルター甲板は拡張された部分のほかに魚雷発射管横の壁が発射管旋回のために内側に窪んでいるのがビスマルクとの相違点です。側壁は全てプラ板で作成しましたがキットパーツ自体あまり合いが良くないのでビスマルクを作る場合でもパーツを修正するよりプラ板に置き換えた方がいいかもしれません。シェルター甲板前方にある3.7cm高角砲周囲のブルワークはビスマルクと共通パーツになっていますが実際にはラインが少し異なります。作例では木甲板シートの細かい切り貼りが多くなりすぎると判断し、ラインの変更はしませんでした。

　甲板上から2・3レベルの艦橋構造物上面の床はビスマルクでは手すりで囲われた部分が木甲板になっていますがティルピッツは全てグレーチングとなっているので0.13mmプラ板を加工して自作しました。

　4レベル部分の構造物は専用ランナーパーツとなっていますがアウトラインがビスマルクのままでティルピッツとは異なっています。作例では実形状どおりスクラッチで作成すると高射装置の支持筒部分と干渉するのではないかと思ったのでキットパーツを修正するにとどめました。そのため単装機銃の配置は形状に合わせて少し変えてあります。

　レベル5の構造物、前方の司令塔と後方の構造物は上部で繋がっていますがキットでは再現されていません。レベル6以上はパーツのアウトラインが違うことと厚みを無くすためにプラ材で作成しました。3m測距儀はタミヤのプリンツ・オイゲンのパーツを加工し、筒型の構造物と艦橋トップの三角形の構造物にはアオシマキットのパーツを使用しています。煙突も専用パーツとなっていますが再現されているのは食料貯蔵庫だけでそれ以外はビスマルクのままとなっています。作例では形状および寸法の正しいアオシマのキットのパーツをベースに加工しました。後から気付いたため再現しきれませんでしたが排煙

口部分（笠になっている部分より上部）は垂直ではなくわずかながら後方へと傾斜しています。両側にある格納庫の外側のラインはティルピッツでは前方の艦橋からそのままつながっていますがビスマルクでは煙突幅が狭いにもかかわらず艦橋よりわずかに外側へと張り出しています。

　後部の格納庫には水上偵察機が機首を寄せ合うように格納されます。そのため扇形になっているのですがどのキットでもこの形状は再現されていません。格納庫より後方の構造物の壁のラインはキットパーツは実物とは異なっています。これはビスマルクとした場合も同様です。作例では木甲板シートとの兼ね合いもあって完全再現はできませんでしたが、本来は格納庫の直後の壁はもっと内側へと凹んでいます。

　キットの高角砲パーツはビスマルクと同じで前期型4基と後期型4基になっていますがティルピッツは全て後部がシールドで覆われた後期型なので4基分パーツが足りません。この点は何とも残念なところです。作例ではシールド部分にはアオシマパーツを、本体部分にはタミヤのプリンツ・オイゲンのパーツを使用し、砲身は金属砲身に置き換えています。艦載艇は、カッターについてはファインモールドのナノドレッドパーツを加工し、その他のモーターボート類は全てアオシマキットのパーツを使用しました。前方左舷側の格納庫上にある操縦席が左にシフトしているタイプのモーターボートはアオシマキットにしか入っていません。なお本来艦載艇の塗装は迷彩に合わせて塗られているのですが、依頼された方の要望で変更しています。

　最後に。作り終えて「これほど美しい戦艦はないな」と感じました。今まで誌上でほとんど取り上げられていないのが不思議なくらいです。依頼された方がこの艦に惹きつけられる理由がよくわかりました。現状ではティルピッツは各キットのいいとこ取りとスクラッチの併用で作らざるを得ませんが、最近海外の有名艦キットが少しずつ開発されて来ているので、ティルピッツについてもニューキットの登場を期待したいところです。

Masaru OOBUCHI's
Full Disclosure of Hyper Detailed Ship Modeling Techniques

大渕克の
超絶艦船模型の作り方
すべて見せます。
神ワザ艦船モデラーの秘伝伝授

■スタッフ	STAFF

模型製作 — Modeling
大渕克 — Masaru OOBUCHI

文 — Text
大渕克 — Masaru OOBUCHI
後藤恒弘 — Tsunehiro GOTO

編集 — Editor
後藤恒弘 — Tsunehiro GOTO
吉野泰貴 — Yasutaka YOSHINO
森 慎二 — Shinji MORI

編集協力 — Contributing editor
山田幸彦 — Yukihiko YAMADA

撮影 — Photographer
株式会社インタニヤ — ENTANIA

アートデレクション — Art Director
横川 隆 — Takashi YOKOKAWA

大渕克の超絶艦船模型の作り方
すべて見せます。
神ワザ艦船モデラーの秘伝伝授

大渕克著

発行日　2019年11月28日　初版第1刷

発行人　小川光二
発行所　株式会社 大日本絵画
〒101-0054　東京都千代田区神田錦町1丁目7番地
Tel 03-3294-7861（代表）
URL; http://www.kaiga.co.jp

編集人　市村弘
企画／編集　株式会社アートボックス
〒101-0054　東京都千代田区神田錦町1丁目7番地
錦町一丁目ビル4階
Tel 03-6820-7000（代表）
URL; http://www.modelkasten.com/
印刷　大日本印刷株式会社
製本　株式会社ブロケード

内容に関するお問い合わせ先：03（6820）7000　（株）アートボックス
販売に関するお問い合わせ先：03（3294）7861　（株）大日本絵画

Publisher/Dainippon Kaiga Co., Ltd.
Kanda Nishiki-cho 1-7, Chiyoda-ku, Tokyo 101-0054 Japan
Phone 03-3294-7861
Dainippon Kaiga URL; http://www.kaiga.co.jp
Editor/Artbox Co., Ltd.
Nishiki-cho 1-chome bldg., 4th Floor, Kanda
Nishiki-cho 1-7, Chiyoda-ku, Tokyo 101-0054 Japan
Phone 03-6820-7000
Artbox URL; http://www.modelkasten.com/